逃げる自由

為末大

プレジデント社

逃げる自由

はじめに

僕が陸上競技から引退し、『諦める力』というアスリートらしくないタイトルの本を出したのは、三年前のことだ。僕がこの本で言いたかったのは、最終的に勝つための「手段」として、努力の方向性を変えるということだった。努力して怒られる人はいないし、夢を追いかけて批判される人はいないが、努力は報われるとは限らないし、夢はかなうとは限らない。だから、勝てる可能性が限りなく低いところで頑張り続けるよりも、少しでも可能性が高いところで勝負することを考えたらどうだろう——そんなメッセージを投げかけた本だった。

アスリートは、誰よりも諦めないことを求められる存在だ。オリンピックに出たような人間が「諦め」を語ることへの違和感が世間にはあったように思う。実際、「あなたのような立場にある人がこういうことを言うべきではない」という批判もあった。でも、実際に極限まで努力した実感を持ち、世界が見ている前で勝利した経験も、敗北した経験もあり、喝采も批判も忘却もすべて生身で感じてきた人間が「前向きな諦め」を語ったことにいくばくかの意味があったように今は感じている。目的さえ諦めなければ、手段は諦めてもいい――その言葉でふとわれに返ったとか、救われた気になったという人たちも少なからずいたからだ。

この本を機に、「それでも諦められないのだがどうしたらいいか」というような相談がいろんなところから舞い込むようになった。それで、ネット上の「相談室」というかたちで、そうした質問を集めて、僕の考えをお話ししてきた。そのやりとりから生まれたのが『諦める力』の続編ともいえる本書『逃げる自由』だ。さらにアスリートらしくないタイトルの本になったと言われそうだが、奇を衒ったわけではない。

陸上の世界を離れて、メディアに出たり会社を経営したりしているなかで最近思うのは、僕の役割は「世の中を変える」ことではなくて「物の見方を変える」ということなのではないか、ということだ。たとえば前著では、「諦める」は「明らめる」が語源で、「見きわめる」といった意味合いもあるという話をしたが、「逃げる」を「何かから距離を置く」ととらえなおすことでそこにある種の前向きな意味を見いだすこともできると思うのだ。前著では、「諦めることは『逃げる』ことではない」と書いた。でも、「逃げる自由」は誰にでもある。逃げたほうがいいときだってある。今回、僕のところに寄せられた相談の多くは、「あるべき姿」と「思わしくない現状」のギャップからくる悩みだった。「こうなりたい自分」と「今のだめな自分」と言ってもいい。読んでいただければわかると思うが、それに対する僕の答えの多くが「その状況は変えられなくても、解釈を変えることはできる」というものだ。

もう一つは、「期待値を下げる」ということだ。「あるべき自分」をあまりにも高く設定しすぎると、「本当の自分」を許せなくなってしまう。また、「ありたい自分」を前面に出していると、「本当の自分」を出したときに人をがっかりさせてしまう。でも、考えてみれば、「あるべき自分」や「ありたい自分」をどこに設定するかは個人の自由なのだ。「こうあるべき」とか「こうせねばならない」という呪縛から自由になるためには、自分や他者を早めに、そしてこまめに「がっかりさせておく」ことだと僕は思う。つまり、独り歩きしている理想、目標、基準……そんなものから距離を置いてみるということだ。

距離ができると、その理想はそれほど価値のあるものなのか、それは誰の理想なのか、といったことを冷静に考えることができるようになる。それが僕がこの本で伝えたいと思っていることである。

目次

逃げる自由

第1部 為末大の悩み相談室

Ⅰ 面倒くさい自分との付き合い方

Ⅱ 困った人たちとの付き合い方

Ⅴ キャリアの問題

第2部 意味を求めない生き方

【特別対談 みうらじゅん×為末大】

第1部

為末大の悩み相談室

I 面倒くさい自分との付き合い方

仕事で「やりたいこと」がないのは悪いことでしょうか

毎年二回、上司との面談でキャリアプランについて話し合う機会があります。二十代から三十代にかけて仕事に邁進し、満足感のある会社員生活を送ることができました。上司からは、専門職として進むか、それともマネジメントのほうへ進みたいかと聞かれ、「特に希望はない」と返答したところ、自分がやりたいことについて考えてみて、と言われました。私は今四十代で、最優先すべきことは親の介護です。漠然と好きなこと得意なことはありますが強く「これをやりたい！」というものがありません。そんな私が幸せなワークライフを送るためには、どんな考え方で進めばよいでしょうか。

（女性　会社員　49歳）

「やりたいことは何か」を聞かれて困っていますというご相談ですが、客観的に見ればそ

う聞いてもらえるのは恵まれていますよね。会社の都合だけではなく、社員の自主性や希望を配慮して、より働きやすい環境をつくり、社員のモチベーションを上げる、というのは昨今の風潮でもあります。それはいいことだと思うのですが、「好きなことをやってください」というのは「その責任は自分で取ってください」とセットなんですよね。そのセットを選ぶことでそれほどの幸福感を感じない人もいるんじゃないかと思います。この方のように、働く意欲はあるけれど、特に「これをしたい！」というものが今現在ない、という人もそのなかに入るのでしょう。

よく六〇〇万円くらいまでは年収と幸せ度に相関があるけれど、それ以上は年収が増えてもそれほど幸せ度は上がらないといいます。相談者の方はそれなりに収入も安定していて、自分の人生には十分満足しておられるのでしょう。そういう人には「何がやりたいか」はわりとどうでもいいことで、五年後、一〇年後もそれなりに自分が必要とされる状況があれば満足なんですよね。

この方が求めているベストな状態というのは「親の介護を続けながら安心して働き続けられる」ということだと思うんです。それに上司が気づいていないのだとしたら、「私は特に仕事でやりたいことはないが、できることはこれとこれです。そこで価値は出し続けたいと思っている」ということを伝えることだと思います。「これからやりたいこと」を語れないことは悪いことではないと思いますが、現時点でほかの人と比べて自分のほうができると思われることを言語化することは必要かもしれません。

「やりたいことを仕事にするかどうか」は、働く人の永遠のテーマですよね。ユーチューブのCMが言うように「好きなことで生きていく」ための選択肢は格段に増えましたが、それにしても「好きなことで生きられる」ほどの突出した才能がある人は少数です。努力することがまったく苦にならないくらい好きなことがある人って、実感としてそんなにいないと思います。スポーツの世界でも、追い込まれるほどに生き生きしていくような人なんて本当に一握りです。

そうでない大多数の人間にとって大事なのは、**「好きなことをやる」というより「世の中に求められることをやる」**ということなのではないでしょうか。そう考えると、「何がしたいか」と問われるよりも、「あなたにはこういうことができると思う」とか「これをやってもらえないか」と言われたときに、案外ブレイクスルーにつながるのかもしれません。やってみたらけっこううまくいって「ああ、自分にはこういう才能があったのか」と気づいたりすることってありますよね。やりたいことと向いていることは、往々にしてずれているものです。

僕が引退してから何をやったらいいかを考えていたとき、ある経営者の方に「僕の才能って何だと思いますか？」と聞いたことがあります。そのとき「なんでも結びつけて話せることだ」と言われました。僕は会社の経営に興味があったので、「いやあ、そっちじゃないんだけどな」と思って聞いていました。でもこの「相談室」にしても、年齢や職業が全然違う方からご相談をいただいて、それなりに自分の経験につなげて何らかの答えを出すということが仕事になっているし、異業種、異分野の人とストレスなく話ができるというのは自分の強みだなということに最近気がつきました。

陸上をやっているころは、目の前のこと以外に興味関心が向いてしまう注意散漫なところがむしろコンプレックスでした。だから引退しても「一途に打ち込めること」にこだわっていたんです。そうしたら「その注意散漫なところがいい」という話でした。**自分ではマイナスと思っていたことが外から見ると価値に見えることもある**のです。ほかにも複数の人から「いろんなものに興味を持っている」ということを生かしたことをやれば、と言われました。そこに世の中のニーズがあるのなら、そこからやっていこうかなと思いました。結果として今は会社も経営していますが、そういう順番でよかったのかなと思います。

ぴったりくるもの

「人生の成功はどれだけ具体的なビジョンを描いたかによって決まる」とよく言われる。たしかに、本田圭佑選手やイチロー選手の子ども時代の作文や、孫正義さんの「人生五〇年計画」などを見ると、早い時期にやるべきことを見つけ、それに邁進することができる力は大きいと感じる。

一方で、具体的なビジョンが成功には必須であると信じすぎると、ぴったりくるビジョンを探すことに夢中になってしまい、日常をおろそかにするリスクがあるようにも思う。計画表をつくることに夢中で行動が伴わない。行動が伴わないから成長がない。皮肉だけれどビジョンづくりに完璧主義な人は、未来に悩んで、今に目を向けない。

やりたいことがない、運命の相手がいない。そんな思いをあまりに長く抱いているように感じたら、自分を振り返ってみたらどうだろうか。愛せる相手に出会うことも大事だけれど、人を愛せる自分がいるかどうかも大事だ。今自分が抱えている問題を全部解決してくれるような出会いなんてない。自分が探しているものは自分のなかにあることに気づかないから、それを外にばかり求めてどこにもないと嘆く。

「運命の仕事」を探しているという若者の目の奥を覗き込んでみると、本当に探しているのは運命の仕事ではないんじゃないか、と思うことがある。彼が求めているのは自分を満たしてくれる何か、自分を動かす何か。出会ってないから夢中になれないのではなく、夢中になれないから出会いが見えない。

運命の出会いはたしかにあるが、それは準備ができている者にだけ訪れるものだと思う。

「頑張りすぎず自分らしく生きる」ってどういう意味でしょう

メンタル本を愛読しているのですが、自分らしく幸せに生きるなら、まず嫌な仕事を頑張らない。ワクワクしない仕事はしなくてもいい。それより大事な家族や自分を大切にしたほうが収入が上がる！　などと書いてあります。それは手抜きをしたりサボったりすることと何が違うのか疑問に思っています。どう理解すればいいのでしょうか。

（女性　会社員　28歳）

メンタル本や自己啓発本は、ざっくり二つのアプローチに分けられますよね。許しか、しごきか。僕のアプローチは「攻めの許し」みたいな感じかなと思います（笑）。許しのアプローチだけだと本当に頑張らなくなってしまう人もいるので、領域を絞って頑張らせるということが大事なのかなと。言い換えれば、何を頑張らなきゃいけなくて、何を頑張らなくてもいいのかをちゃんと分けるということです。

メンタル本で「頑張らなくていい」と言っていることの本質は**「頑張らなくていいはず**

のことを頑張っていませんか？」ということなんだと思います。本当に何もかも頑張らなくなって、何の価値も生み出せなくなると、誰かに依存しなくては生きていけなくなりますから。「頑張らなくてもいいはずのことを頑張っている」というのはつまり、自分にとって重要なこととそうでないことの選別ができていないということです。

たとえば、すべての人の期待に応えようとすると疲弊してしまいますが、「あの人がいいと言ってくれたら、ほかの人になんと言われようと気にしない」というふうに決められたら、かなり楽になりますよね。

全部頑張らないわけではなく「これだけはちゃんとやりたい」という線引きがあれば「サボっている」には直結しないと思います。僕は最近、靴下がついに一種類になりました。一種類を白、灰色、紺色とそれぞれ三足ずつあります。これをローテーションして履いています。靴と靴下の相性、服と靴下の相性が気になって、朝それでけっこう時間を取られていましたが、あるとき全部を靴下からスタートすればいいことに気づいてシステム化しました。靴下からスタートすると、その下にくる靴もその上にくるパンツも決まるんです。季節によって厚さは変えますが、一種類三色で今のところうまくいっています。

僕は靴下に関して頑張らないことに決めましたが、毎日違う靴下をはきたい、靴と完璧に合わせたいという人は頑張ればいいと思います。自分が妥協できる対象や範囲がわかるほど、頑張るべきところで頑張るための余力が残せますよね。仕事もいつも全力だと疲れ切ってしまうので、メリハリが大事です。

現役時代、二十代前半のころまでは、思いついた最高の練習をすべてこなすことができたのですが、ある年齢を超えると練習をやりすぎると疲れが抜けにくくなり、アキレス腱の痛みが出て、思いっきり跳ぶジャンプ――プライオメトリックといいます――ができなくなった時期がありました。これはバーンと地面を蹴って跳ね返る力を鍛える練習です。痛めたアキレス腱を使わないでジャンプする方法はないだろうかと考えて、ふくらはぎを使わないスクワットジャンプに変えました。これだと足の裏をベタッと着いてジャンプするのでアキレス腱は痛くないんです。もともとの練習の中心要素がわかっていたから、別の練習に置き換えることができたんですね。

僕はこれを「シェフから主婦へ」という言葉で表現していました。シェフは好きな食材を集めて最高の料理を追求できるけど、主婦は残り物も含めた冷蔵庫のなかのものでなんとかするしかないのと似ているなと思ったんです。**条件が変われば、頑張り方も変わらざるをえません。**傍から見れば、それが「手抜き」や「サボり」に見えることもあるかもしれませんが、それは「前と同じ方法では頑張らない」「自分に合わない方法で頑張らない」ということなんだと思います。

あるべき姿

あるがままを受け入れることは、現状を肯定しているわけでも否定しているわけでもない。石がそこにあるというのがあるがままの世界。なんであの石は角張っているのかという疑問を感じ出したら、それはもうあるがままを受け入れていない状態だ。サバンナでシマウマがライオンに食べられました、というのがあるがままの世界。ライオンに食べられたシマウマがかわいそうだという同情をし始めたらそこから遠ざかる。あるがままの世界には原因もなく結果もなく、善も悪もない。

これに対して「現状肯定」という行為は、現状に満足はしていないけれど、その現実を如何ともしがたいから自分の認識を肯定的に変えることで不条理を受け入れる、という考え方に近いと思う。つまり、「眼鏡の掛け替え」のようなものだ。あるがまま派は、まず現状をいったん受け止め、そのうえで「私」がすべきだと感じることをする。なんだ、結局は現状肯定派と同じじゃないかと言われるかもしれないが、違うのは「あるべき姿」というものを持っているかいないかだと思う。現状肯定派は「あるべき姿」はいったん脇に置きましょうというスタンス。あるがまま派は、世の中はひたすらにあるがままなのだけど、すいません、ちょっとだけ自分の価値観を反映させてくださいね、という世界観。

世の中は不条理で不公平で、生まれてすぐ死んでしまう子もいれば、庭から石油が出て大金持ちになる人もいる。善い行いをしながら病気になる人も、悪い行いをしながら健康に生きる人もいる。そんなものだよな、さてそのうえで自分は何をしようか。どう生きていこうか。

あるがままを受け入れたあとの行動には恨みつらみがなく、ひたすらに淡々とした世界が広がっているように思う。僕はまだその境地からはほど遠いところにいるけれども。

他人の期待に応えようと思うあまり疲れ果ててしまいます

自分の行動が自分で望んで行っているのか、他人から期待されているから行動しているのかわからなくなることがあります。家族でも友だちでも職場の人でも、ほかの人が「こうしてほしいのかな」と思うとなるべくそうしてあげようと思ってしまいます。でもそうしているとつらくなることもあります。為末さんはいろいろな場面で期待されることが多いと思いますが、「自分が今やっていることは、他人のためではなく自分で決めてやっていることだ」と納得するために心がけていることはありますか?

（女性　会社員　38歳）

期待に応えられなくても意外に大丈夫です。もしかしたら誰も期待していないのに勝手に期待されていると思いたいだけかもしれません。「私に期待しないで」と言っておいて「あなたには期待していない」と言われるとそれはそれで物足りない。「ただポツンとそこにいる」という状態に耐えられる人ってけっこう少ないものです。

アドバイスとしては、**「まずは小さく裏切る」ことを実験的にやってみては**いかがでしょうか。「気がついたら雑用をやらされている」という状況になったら、ちょっと抵抗してみるとか、何か決めなきゃいけないときに「私はこう思う」と踏み込んで発言してみるとか。そうすると、たんに都合がいいから一緒にいた人たちは離れていくでしょうが、そこから始まる新しい関係もあると思います。そういう人間関係のつなぎ直しが起きるということ自体に怖さを感じているのかもしれませんが、変化には何らかの代償はつきものです。

かくいう僕も「期待に応えるべきか否か」という問題ではかなり悩んできたほうです。当然ながら、アスリートは注目度が高くなるにつれて背負う期待も高くなりますが、それは自分の成績や振る舞いにがっかりする人が増えるということでもあります。「応援していたのにがっかりしました」というあれですね。僕もそういう反応に若いころは傷つくこともありましたが、ある年齢からは「応援してくれと頼んだわけではない」という反動みたいなものも出てきて、人の期待というものをわりと平常心で受けとめられるようになりました。

結局僕は僕でしかいられないわけで、期待というのは相手が勝手に抱いた僕に対するイメージにすぎません。そのイメージに自分が無理をして合わせていく必要はない。僕のことを期待外れだと思うのはその人の見立てと現実のあいだにズレがあったということです。

ただ、「家族の期待」となるとそんなふうに割り切れないものはあると思います。だから実践的に考えるとしたら、やはり「ちょっとずつ期待を裏切る」ことを重ねながら本来の自分を出していくということになるんじゃないでしょうか。置かれた状況に対して、ずっと同じパターンの反応をするんじゃなくて、**ちょっとだけ勇気を出して普段と異なる言動を試してみる。**やってみると、案外自分の影響力を過大評価しているということもわかってくるのではないでしょうか。

元サッカー日本代表の有名選手が引退したとき、新聞の一面にドカンと出るのかなと思っていたら、意外に小さい記事でした。アスリートの引退がニュースになること自体すごいことではあるのですが。僕はたまたま都内のホテルに泊まっていて、朝ごはんを食べにコーヒーショップに行ったら、引退の記事を見て「おお！」と反応している人もいれば、全然違う記事を読んでいる人もいて、その隣では前の日の合コンの話をしているＯＬみたいな人もいて、いつもと変わらない一日が始まっていたんです。そのとき一気にアスリートへの期待なんてそんなものなんだと悟りました。どんなに現役時代に結果を出しても、自分が引退しても大したニュースにもならないし、死んだらすぐに忘れられるんだなと。だったら**自分でないものにまでなろうとして人生を浪費するのはやめて、今を一生懸**

命やろうと思いました。

一方で、この人の場合、何か頼まれたらできるだけやってあげるという自分がそこまで嫌いではないと思うんです。こういう自然に人をおもんぱかる人の気づかいに、誰かが気づいてあげると変わるのかもしれません。ただいずれにしても期待には応える自由も、応えない自由もあるということです。

自由と選択肢

これだけ選択肢の広がった世の中なのに、人はなかなか自由を満喫することができない。ああ、南の島でのんびり一年ぐらい過ごしたいな、誰にも制限されることなく仕事をしてみたいな。誰でも一度ぐらいはそんなふうに思ったことがあるだろう。でも現実的にその選択ができるかというとなかなか難しい。

何かと対等な関係を築くために必要なのは、「いざとなったら関係を解消できる」という感覚が必要になる。この会社に捨てられたら生きていけないと感じていたら、会社に対してはどうしても服従的になるし、この人に嫌われたら生きていけないと感じていたら、その人のご機嫌をうかがうようになる。

しょうがない、いざとなったら、どこか違う国でやり直すか。自分だけで食っていく道を探すか。こういう感覚がある人は所属や目の前のものに依存しない。そうなるとその人は思ったことを口にしやすいし、何かに気兼ねをすることなく自由に動けるようになる。これだけ聞くと、結局強者しか選択肢がないんじゃないかと言う人もいるかもしれない。でも僕はそうは思わない。これは能力の問題じゃなくて勇気と適応の問題だ。

人はけっこう、どんなふうにしても生きていける。ブータンやネパール、インドなどに行くと、そのことを痛感する。「これがなければ生きていけない」というものはほとんどない。あるとしたら命と楽しむ気持ちぐらいだ。人生で一度もこの心境を味わったことのある人は、ずっとその感触を忘れない。どん底を経験した人が自信にあふれて見えるのは、復活したからではなく、すべて失っても自分は大丈夫だという感覚を持っているからだろう。さらに言えば、本当に大事なものは決してなくならないという確信のようなものがあるようにも思う。大病、投獄、戦争を体験した者は死生観を学ぶと言われているが、わかるような気がする。なくなったら困るものからは人は自由になれない。こうでなくてはならないという考えが多ければ多いほど、選択肢は少なくなる。厄介なことに、人は自分を縛っている思い込みに気づいていない。なあんだ、怖がっていただけで本当は大丈夫なんだ、という感覚が持てると、思い込みから自由になり、本当に好きなものや、逆に本当は嫌いなものが見えるようになる。

自由になった人は余計な配慮をせず、本音で語れるようになるので、人に信用され、頼りにされるということもある。選択肢というのは誰にでもあるように見えて、自由になった人にしかないものである。

うまくいかないことを全部自分のせいにしてしまいます

現在就職活動中の大学生です。僕にはどうしてもやめられないことが一つあります。それは、自分を責め続けることです。自分のもともとの行動力のなさや、他人の目を気にしすぎる性格から自分の発言に自信が持てません。ある採用担当者には「君は見た目も学力も悪くはないが、自信がなさそうだから採用しない」と言われました。そんなときは、過去の面接の練習や、堂々とすることを学んでこなかったことを悔やんでしまいます。また、何も成長していない自分自身のことも責め続けてしまいます。最近はうまくいかないことがあると、すべて自分の責任にして落ち込む毎日です。もちろん、自分を責めるのは自分でもつらいのですが、なかなかやめられません。

（男性　大学生　22歳）

厳しい言い方に聞こえるかもしれませんが「自分を責めること」が心地よくて、自己否定がやめられなくなっているということはありませんか？　たしかに就職活動中は、人生のなかでも特殊な時期にあたります。周りの学生さんとの相対評価になるので、本人が優

秀でも、採用に結びつくとは限りません。自分の頑張りと結果とは無関係です。そして、面接では人格まで否定するような言葉を一方的にかけられて……不条理な出来事の連続ですよね。それを「就活なんてこんなもの」と笑い飛ばせるうちはいいのですが、「内定をもらえない理由」を求めずにいられなくなるときつい。結局自分を責めることになるからです。

いったん「自責モード」に入ると、話は厄介です。不思議なことに、自責モードの人に「あなたが悪いわけじゃないよ」と声をかけたとき、「いや、そんなことはない。自分がダメなんだ」と反論されることがあります。何かがうまくいかない原因を進んで背負い込みたがっているようにも思います。こうなるとある種の「依存」状態ですね。

人はさまざまなものに依存します。ポジティブな方向にものの見方を変えていくより、ネガティブな感情にひたっていることを選ぶのは、「変化するよりは低めのところで現状維持をしていたい」という隠れた欲求のあらわれかもしれません。もっと言えば、変化することへの恐怖です。

この方のように、自責モードに入りがちな人には、一つの共通点があります。それは「あるべき自分」という目標が非常に高い所に設定されていることです。現状の自分と「あるべき自分」とのあいだに大きなギャップがあって、そのギャップを埋められない自分が許せないのです。具体的なアドバイスとしては、**ものごとの表側だけではなく、裏側もうまく見る癖をつける**と、少しは心が楽になるのではないでしょうか。

たとえば、「君は見た目も学力も悪くはないが自信がなさそうだから採用しない」という面接官の言葉です。これを裏返すと「君は自信が持てないだけで、見た目も学力も悪くない」という褒め言葉とも取れませんか。一見ネガティブに見えることにもポジティブな要素が含まれていることが少なからずあります。その逆もしかりです。

ものごとはつねに白黒はっきりと割り切れるものではなく、そうではない場合のほうがずっと多い。うまくいかないのは全部自分が悪い、世の中は嫌なことばっかり、といったものの見方を少しずつ変えていけると楽になると思います。「自分を心のなかで責め続ける」ことには膨大なエネルギーを使います。そのエネルギーを別のことに生かせば、いずれは大きな偉業を成し遂げられる可能性だってなくはない。まずはそんなふうに考えてみてはどうでしょう。

負け癖

久しぶりに後輩に説教する機会があった。今回のテーマは負け癖についての話だった。少しまとめてみようと思う。今回は勝負しなければならない人を対象に話をする。負け癖を二つに分けるとこういうことになるかと思う。

- ・敗北への定着
- ・勝利への躊躇

本当に負け癖がある人は、実は負けることがあまりない。というのも彼らは勝負自体をしていないので、明確な勝ち負けというのを明らかにしないで生きている。勝負というものは遠くの誰かがやっているもので、自分の人生とは無縁であると思っている。つまり勝利はおろか、勝負というアイデアが人生にない。

勝利の味を知らないかもうすっかり忘れてしまったので、勝利と言われてもピンとこない。だから他人事のように勝利を眺めてしまう。最初のうちはほとんどなかった差が、傍観者でいるあいだにどんどん開いていき、いずれまるで生まれたころからそうだったように感じる。傍観者でいることにすっかり慣れてしまっている。

「誰でも本当は勝者になれるんだ」というつもりはない。戦っても勝てないこともあるだろう。ただ負け癖のもっとも深刻な状態は、勝負をするというアイデア自体がすっかりなくなってしまうということだ。勝負を降りるとそれなりに居心地がいい。特に勝負を降りた友だちがたくさんいると、滅びの道もみんなで歩けばなんとやらで、さほどさびしさも感じない。

もう一つの「勝利への躊躇」は、勝負はしようとしているけれど、勝ち切れない人に当てはまる。ずっと手に入れたかったものが本当に手に入りそうになるとき、人は恐れ、戸惑い、緊張する。これを乗り越えてようやく勝利し、それを繰り返すことで勝利に慣れ始めるのだけれど、負け癖がある人はこれを乗り越えられない。つまり勝利につまずいてしまう。

やっと勝利が手に入りそうだという瞬間、さまざまな迷いが生まれる。かなりの確率で手に入りそうな状況で手にできなかったら一生後悔するのではないか。

ライバルが仕掛けてくるんじゃないか。いろんな考えが頭に浮かび、勝利を手に入れることが現実になりそうになればなるほど、緊張し、動きが自然でなくなる。そして何かのきっかけで動きが滞り、勝利をさらわれる。

これが続くと「またあれが起きるのではないか」という恐れが、さらに緊張を加速させ、勝利が近づけば近づくほど、まるで自分の体がそれをいやがるようにことごとく勝利を手放してしまう。この状態が「負け癖」だ。

負け癖を直すには、小さくてもいいから勝利するしかない。自分に自分を信用させるために勝ちを積み重ねることで負け癖が取り除かれる。間違ってもいきなり大きな勝利を手に入れようとしてはいけない。大事なことは現実の勝利を積み重ねることだ。それによって次第に勝負どころで実力が出せるようになる。

さあ、若者よ。勝利の許可を自らに与えるのだ。長年座り続けてきた敗者の席を立つ決意をしよう。自分を支配しているものを認識し、行動と小さな結果によって、自分自身を変えていこう。勝利は君が思うほど夢物語ではない。

人生で一度も女性と付き合ったことがありません

彼女をつくるにはどうしたらよいでしょうか？　私は人生で一度も女性とお付き合いをしたことがありません。行動しないと始まらないので、イベントやサークルに参加して交友関係を築こうと努力しました。しかし、うまくいくことはありませんでした。女性を紹介してくれる友だちもいないし、このことを打ち明けられる友だちもいません。原因と対応策をご教示ください。

（男性　無職　31歳）

北方謙三先生だったら一言、「ソープに行け」ということなんでしょうけれど（笑）。

パッと思ったのは、アスリートにとっての緊張の話に通じるところがあります。うまくやろうとしすぎることが、うまくいかないことの原因になっている状態ですね。この人の悩みの本質は、実は「女性と付き合えない」ということよりも「自分をうまくコントロールできない」ということのような気がします。しかも自分に対する要求水準が高すぎる状態。「友だちなんていない」というのも「友だちとは何でも話せる関係である」という親密度合いの理想像みたいなものがあって、「ただの知り合いは友だちではない」と区切ってしまっているのではないでしょうか。

友だちが多い人って、ほとんど例外なく「知り合いを友だちと思い込める力」が強い人だと思うのですが、おそらくこの方はそんなふうには考えられない。異性関係についても「真髄はこれ」みたいな高い理想があって、それがあまりに高すぎるので、最初の一歩もなかなか踏み出せないでいるような印象を受けます。**まずは自分と他者に対する期待値を下げる**ことだと思います。自分にも他人にも求めすぎないことです。

女性を紹介してもらうのは「友だち」でなくても「知り合い」に頼むというのもありですよね。いきなりただ一人の「彼女」じゃなくても「女性の顔見知り」を増やすことからでもいいじゃないですか。

世の中の多くのことは「ごっこ」で成り立っていると僕は思っています。イベントとかサークルにも参加してみたけれどうまくいかなかったのは、そこで本物の人間関係を築こうとか、自分なりの役割を果たそうなどと意気込みすぎて、かえって空回りしてしまったのではないでしょうか。この方は「出会いに感謝!」とかおそらく絶対言いそうにもないタイプですが、たまにはそういう自分を演じてみてもいいと思います。

とにかく自分の緊張をほぐすことが大事。そして、女性の気持ちを過剰に配慮しすぎないことです。人間関係のパワーバランスはつねに揺れ動いているわけですが、そのバランスをうまく保つことにばかり気を取られていると絶対に場の主導権は握れない。「あなたはどうしたいですか?」ではなくて、時には「僕はこうしたいんです」と自分のエゴを出してみると、おそらく今までとは違った状況が経験できると思います。といっても、今までの自分をよく知っている人に対してやると「どうしたの? キャラ変わった?」みたいなことにもなって面倒なので、今いるコミュニティの一歩外へ出て試してみるのはいかがでしょうか。

パニックに至るメカニズム

競技会で緊張してしまい、力が出せないということはよくある。また、人前でしゃべる際に緊張してうまく言葉が出てこないこともよくある。やっと思いを寄せていた相手と食事ができたのに気が利いたことが言えなくてそれを取り繕うようにどんどん緊張が高まり、結局つまらない感じで終わってしまう。そういう経験は誰にでもあるだろう。

緊張しないためにはどうしたらいいですか？　としばしば聞かれるが、緊張とはエンジンを温めるようなもので、それ自体は悪いことではない。むしろスポーツなどでは、よいパフォーマンスをするために適度な緊張は必要だ。問題は緊張がプレッシャーとなり、パニックにつながることだ。

競技会でパニックに陥る人は、試合結果やそれによる他者からの評価に意識が行きすぎていると感じる。会話が上手くできない人は好きな人としゃべっているときに相手が楽しんでいるかどうか気にしすぎている。うまくやろうとしすぎているのだ。相手がどう思っているかに想いを馳せることはコミュニケーションにおいては大事なことだけれど、それに頭が支配され、相手の表情一つひとつに過敏に反応していたら会話もままならない。

そう考えると、何かに意識的であるということは必ずしもプラスではないように思う。意識的に行われているものはだいたい不自然で、不自然さを自覚すると、自然に振る舞おうという考えに頭が支配されてしまう。意識して自然に振る舞う、というのは矛盾以外のなにものでもない。

では、パニックに陥ったときにはどうするか。僕の経験からいえば、自分がおかしいなと感じたとき、深呼吸して向けるべきところに意識を向けるようにすることで、ずいぶん改善されたように感じる。たとえば、競技会でパニックになったとき、試合結果ではなく二台目のハードルをちゃんと越えることに集中した。実はそのことに大した意味はないのだけれど、自分の意識を放って置くとそれが自分を追い込んでくるので気を紛らわせるためにそうしていた。

「緊張してはいけない」と意識することがパニックを引き起こすトリガーとなってしまう。

ヴィクトール・フランクルの著書のなかで、吃音が悩みの少年が出てくる。彼がキセル乗車をしていた電車で車掌さんに質問されたとき、吃音で同情を買ってうまくやり過ごそうと思ったら、そのとき人生で初めて吃音が出なかったそうだ。意識しなければパニックもない。

卒業アルバムに顔を載せられるのって嫌じゃないですか？

納得できない話です。学生時代の卒業アルバムについてです。好き好んでこの顔立ちに生まれたわけではないのに、写真を撮られて同級生全員に配られることが納得できません。今でも中学生時代の同級生が「こいつ、ブサイクな顔してんなー」と笑っていると思うと、イライラして親に八つ当たりしてしまいます。

（男性　アルバイト　23歳）

これはなんとなくわかるような気がします。学校の友だちなんて仲がいい人も悪い人もいるのに、自分の納得していない写真が「素敵な思い出の一部」としてパッケージ化されて、不特定多数に配られることへの違和感ですね。

中学生時代はホルモンの関係で外見が大きく変わることもあり、「黒歴史」として封印したい人も少なからずいるでしょう。そういう自分にとって思い返したくない時代の写真をシェアされて、永久に残ってしまうのはたしかに愉快なことではありません。知らないうちに広く世に出てしまう可能性さえあります。

正攻法で答えるとしたら、「他人はあなたが意識するほどあなたのことを見ているわけではありませんよ」ということなのでしょうが、この方が憤っておられるのは仲がよくもない人間に写真を見られるのがいやだという以上に、その写真が今の自分のセルフイメージとズレているという点だと思います。「今の私はここまでブサイクではない」という思いがあるのではないでしょうか。

僕の仕事は見られてなんぼのところもありますが、最初のころはこのズレみたいなものはけっこう感じていました。ある日、**「ああ、僕はパンダなんだ」と思ってから急に楽になりました。**自分を対象化できたんですね。本当の自分と、見られている自分が一致しすぎているとそれがズレることにしんどさを感じます。そもそもズレているんだというふうに認識できるようになったら楽になりました。

ある芸人さんが「どうぞみなさん僕で遊んでください、って思って毎日生きているんだよ」と言っていたのですが、そういう観点に立つと「本当の自分はこうじゃないのに」という葛藤から解放されます。お笑いに関わる人は「笑わせるのは好きだけれど笑われるのが嫌い」とよく言いますよね。「笑わせる」には、意図があって、「笑われる」には意図がない。つまり「笑われる」のは不意打ちなんです。

スマートフォンとSNSが普及した今の世の中は「不意打ち」だらけ。なんでもかんでもフェイスブックやツイッターにアップする「シェア癖」がある人がうようよいる。SNSには普通「ありのままの自分」ではなくて「それ用の自分」を準備して出していると思うのですが、そうでないものが突然共有されると不意打ちを食らったような気になりますね。

卒業アルバムの写真を勝手に見られるのもそういう感覚に近いんじゃないかと思います。思春期の顔が修整なしにさらされるってそんなにうれしいことではないですよね。でも不意打ちを避けて通れない一億総パパラッチ時代には、自分のセルフイメージと一致しない自分のことをおおらかに受け入れていける人のほうが、社会的に優位に立てそうな気がします。

結論としては、卒業写真の件も、そのための修行だと思って耐えましょう、ということでしょうか。相談者は二十代の方ですがこの先四十代、五十代と年齢を重ねていけば、不本意な写真をシェアされてしまうことにイライラしている自分をパンダのように外から見て面白がることができるようになってくるんじゃないかと思います。

しょうがない

祖母は「しょうがない」が口癖だ。僕が子どものころ、高熱で危なかったとき、「しょうがない。もう一人産んだらええ」と早々に諦めの言葉を発した人だ。祖母はよく人に騙された。たとえばある日、これが売れないと会社に帰れないんですと泣きついてきた若者から業務用の掃除機を買ったりした。旅の途中で路頭に迷って家に帰れないから一万円を貸してほしいと懇願されて貸したりもした。平成の世に旅人が村の家を訪ねるなんてありえないと思うだろうけれど、そういう話がたくさんある。もちろんお金は返ってこないが、そのたびに「しょうがない」と言っている。

「しょうがない」は諦めの言葉だ。納得がいったわけではなくても、もうどうにかしようとしたってどうにもならないわけだから、踏ん切りをつけようとしているときに出る言葉で、自分のなかで全部えいやと後ろに流してしまおうという意味合いが強いと思う。

なんでもかんでもしょうがないで流してしまって、ちっとも考えない人もいるだろうし、しょうがないとも思わずに生きている人もいると思う。一方でしょうがないと言えなくて苦しんでいる人もいるように思う。忘れられない人、諦められない人、許せない人。

「しょうがない」が多い人生は、ダメな人生かもしれないが、本人には深刻な悩みがない。なにしろしょうがないと言って流してしまうのだから溜まっているものがない。阿呆に見えるかもしれないが、少なくとも「今」を生きている。

ところが「しょうがない」が言えない人生というのもあって、これはつらい。過去に起きた何か自分に引っかかっていることがずっと流せないで心に残っている。あの人が許せない、どうして自分ばかりこんな目に、あれさえあればもっと幸せだったのに……。

執着の強い人間にとって（僕もそうだが）しょうがない、と言うことは意志の力が必要だ。しょうがないと流したあとはそれを振り返ってはならないと自分に固く誓う。そんなこと到底納得できないと思っていても、「しょうがない」と言って無理やりそれを後ろに流す。なかなか根性がいる。「しょうがない」の真髄は、執着しないことだ。執着とは「滞り」である。

Ⅱ　困った人たちとの付き合い方

虚言癖のある人と一緒に働いています

私の職場にいわゆる虚言癖のある人がいます。三〇歳手前の女性ですが、仕事の進捗報告や関係者への連絡など、とにかく虚実ないまぜで、周囲も困り果てています。同僚への陰口が酷い一方、権力がある人には媚びる、いわゆるサイコパスにも少し見えます。彼女の上司はいつも最後は困って他部署に異動させますが、周りの同僚は彼女が異動するまで疲弊します。無理に退職させると面倒なことになりそうなので、上の人たちはたらい回しにしていますが、不幸にも一緒に働くことになってしまった人は皆一様にノイローゼ気味です。こんな状況、どう切り抜ければいいでしょうか？

（女性　会社員　30歳）

これは、困った人の存在にみんな気づいているけれども指摘しにくい空気があって、なんとなく放置してきてしまったという問題ですね。

いわゆる体育会系の現場では、言動のおかしな人間がいると早い段階で先輩が詰めるんです。「お前が言ってること、なんか違うよね」とかストレートに言ってしまう。あごがしゃくれてたら「しゃくれ」がそのままあだ名になるような、よく言えばざっくばらん、悪く言えばデリカシーのない世界です。でも、**気づいているけど触れにくいものをあえてドンと表に出す**ことで、かえってもやもやしたものがなくなるという作用もあるんです。虚言癖の人に「なんか妄想入ってない？」と突っ込んでみるというのはどうでしょうか。

ただ、この方法が成功するには条件があります。それは「早めにやる」ということです。今まで周囲がなんとなく触らないようにしてきたのであれば、突然それを指摘するとおかしな雰囲気になってしまうリスクもあります。そもそもこの問題は、周囲のおもんぱかりや遠慮がこの人を増長させてしまった可能性が大きいと思います。見て見ぬふりを続けていると、「王様は裸だ」という一言で解決するような話が高度な神経戦のようにまでなってしまうことがあります。

こういう困った人をたらい回しにするというのはいかにも日本的ですが、ここまで放置してしまった以上、根本的な解決というのは難しそうです。虚言癖がある一方で「権力がある人には媚びる」というのは、状況を見て行動しているということですよね。頭は悪くない人なのでしょう。それだけに、その人の話の整合性に切り込むとか、虚言を証明して白黒はっきりさせるという正面からのアプローチは蟻地獄的なものになっていく可能性が高い。泥沼的にやり合うのではなく、この人との付き合い方について、自分のなかでルールを決めるというのが大事な気がします。

相手を責めるとき、往々にしてその人に「悪かった」と反省してほしい、謝ってほしいという気持ちが湧いてきてしまうものですが、いくら詰めてもこういう人は反省しない。逆に自分は被害者だとも言い出しかねません。そもそも嘘をつくことに罪の意識がないわけですから。

人は他人を見るときに、どうしても自分のなかにあるものを投影してしまうものですが、自分の価値観とはまったくずれたところで生きている人がいるということをまず認識しましょう。

虚言癖のある人間は厄介ですが、その人の虚言がまかりとおってしまうことを防ぐための**最強の防御策は、日常の自分の信用度を高めるということ**だと思います。周囲に信用されている人なら、おかしな噂を流されたりしても、聞く人が真に受けることはないでしょう。日頃から、自分の信用を高めておいて、つまらないことを言いふらされても「また言ってるな」くらいの感じでドーンと構えている。慌てふためいて、火のないところで火消をしようとするとかえって相手の嘘の信用度を高めてしまうことにもなりかねません。そうすると泥沼です。

どうしても誰かに聞いてもらいたいのなら「この人なら信じてくれそうだな」という人に限定して、事実を切々と伝えることだと思います。**人は「意見を言う人」と「事実を言う人」のどちらを信じるかといえば「事実を言う人」です。**腹が立っているとどうしても事実に意見を混ぜてしまいがちですが、それをがまんして淡々と事実の世界で生きる。そういう修行だと思うしかないですね。

結論としては、しかるべき立場の人間には極力事実だけを伝え、あとは追わず、絡まずでいくのがいいんじゃないでしょうか。何かされたときに「こんなことされてたんですよ！」と感情的になって上司に言いつけたり周囲にぶつけたりするのではなく「こういうことがあったんだけど、あの人どうしちゃったのかな」くらいの感じでいく。メールなど、証拠として残っているものがあれば、自分が自分の弁護士になったつもりでそれを淡々とコレクションしておく。本人や第三者に見せるというより、いざというときに自分を守るためです。

いずれにしても、相手と同じレベルでやり合うのがいちばん損をするのではないかと思います。

人気者とすごい人

「すごい」と言われる人は、だいたいにおいて謙虚だ。

注目されるために何かをするというよりも、本業にフォーカスしているので、その人のすごさは業界でしか知られておらず、世間一般が気づいていないことも多い。

彼らは事実に対して誠実なので、世の中を驚かせるようなキャッチーな言葉を使わない。「ついに」とか「絶対」などとは言わず、「今はまだわかりませんが」とか「そういう可能性もあります」といった物言いをするので、「面白くない」と思われてしまうこともある。

一方で、人気者になれる人は、自分を大きく見せるのがうまく、有名な人とのつながりをアピールして自らを引き上げていくことにも長けている。また、ものの言い方がはっきりしているから、聞いているほうは気持ちがいい。だからファンが増える。本当にすごい人もいるけれど、そういう手法さえ使えれば業界内での評価とはあまり関係なしに、ある程度の社会的評価を得られてしまうというのが厄介なところだなと思う。

そもそもマスメディアにおいては、時間的制限があるので、短文ではっきりと世の中が面白がる話が好まれるし、一瞬でわかるキャッチーな言葉が求められている。だから静かで誠実な人は、メディア受けしない。「そういった可能性は否定できないですね」という人よりも、「間違いなくそうですよ！」という人のほうがメディアには向いている。

もちろん、業界内においても世間においても「すごい」と言われる人はいるけれど、業界内での実力評価と実社会の評価がずれているケースのほうが実際は多いように思う。

同窓会で昔の友人に失望。そう感じてしまう自分にも失望

先日、高校時代のクラスメイトに声をかけ、一〇人弱で飲み会をしました。二〇年ぶりに会う人もいたので、静かに和やかに旧交を温めたいと思っていたのです。しかし、著名人の知り合いがいるという自慢話を大声で語り続ける者、その場にいる人を無視してスマホをいじり続ける者、飲み会に出席していないクラスメイトと電話で長話をする者が数人いて、正直言って不愉快でした。幹事の私は途中退席をするわけにもいかず、かといって求めていたような雰囲気に変えることもできず……。配慮の足りない参加者への怒りと同時に、おおらかな気持ちで飲み会を楽しめない自分への失望も感じています。私はどのように振る舞えばよかったのでしょうか。

（男性　会社員　39歳）

この方は同級生に会えるのをとても楽しみにしていたんですね。こういう感覚、わかります。僕も場を盛り上げることについては比較的頑張るタイプですが、この場の盛り上がりは自分にも責任があると思っている人と、まったく自分には責任がないと思っている人

に分かれますよね。

これは**事前準備に重点を置くか、現場対応に重点を置くかの違い**でもあるように思います。アスリートはどちらかといえば現場対応型です。準備も大事ですが、自分の体調にしても天候にしても競争相手にしても、想定どおりにいかないことが多いので、臨機応変に目の前のことに対処していかないと勝てません。準備したとおりにやったら負けるということだってある。

わが家では僕が現場対応派で妻が事前準備派なのですが、妻も最近は現場対応派にシンパシーを感じるようになってきたらしいです。小さい子どもがいたりすると、日常生活そのもののランダム性がぐんと上がるので、計画どおりやるより、目の前で起きていることにまず行動してみようという考え方のほうがうまくいく、という実感が出てきたのかもしれません。

家庭でもオフィスでも、この事前準備派と現場対応派の違いがあるように思います。事前準備派の人はつねに「もっとこうしておけばよかった」「どうすればもっとよくなったんだろう」という反省と改善のサイクルを回している一方で、現場対応派は「あれはあれでよかったよね」「ああなったのは仕方ない」と自分を満足あるいは納得させて次に進んでいく。問題は、事前準備派のおかげで助かっていることはたくさんあるのに、彼らの幸せ度は現場対応派に比べて低いという矛盾が生じることです。

事前準備派が頑張ってくれたおかげで「最悪の結果」が避けられた、たとえば一〇点満点で一点とか二点になりそうだったところを頑張って七点とか八点くらいまでもっていけた、ということがあったとしましょう。事前準備派は「最悪の結果にならなくてよかった」とは思えなくて「なぜあと二点、三点取れなかったんだろう」というところにこだわってしまう。僕も含めて現場対応派は、もっと意識して日頃から事前準備派に感謝の声をかけるべきなのかもしれません。

相談者の方は明らかに準備派体質ですが、「参加者への怒りと自分への失望」を感じないためにどうすればよかったか。たとえばですが、同窓会で声をかけるメンバーのなかに「そんな自分をわかってくれている人」を入れるというのはどうでしょうか。**体育会系の集まりだと、一〇人ぐらいでやるときには、必ず一人〝手下〟を連れて行く**んです。その手下が「いかにこの人が準備で大変だったか」を物語る。しかもそれをこれ見よがしに言うんじゃなくて、こっそり一人ひとりに「あなたには絶対来てほしいってずっと言ってたんですよ」みたいなことを伝えて回って、最後には「今日は本当にありがとう!!」みたいな空気をつくるんですね。こういうことが上手にできる後輩は先輩に重宝がられて飲み会に連れていってもらえます。

体育会というのはうまくできていて、「伝説の人」「伝説を語る人」「伝説を聞く人」みたいな役割分担があるんです。これを一人で全部やるのは無理です。会を上手に運営するうえで、幹事は表に立ってみんなとやりとりしないといけないから雑務まで手が回らない。だから裏で細かな微調整をやってくれる後輩なり部下なり友人の存在が必要なんです。あるいは幹事の悩みとか苦しみがわかる「幹事経験者」を一定割合で入れるのもいいかもしれません。

自慢話を大声でしたり、スマホをいじり続けたり、飲み会に出席していないクラスメイトに電話したり……という残念な参加者が多かったとのことですが、意外に彼らの満足度は高かったかもしれないですよ。以前、エンジニアの飲み会に行ったんですが、その場ではほとんど会話もなくみんなずっとスマホをいじっていたのに、LINE上では「すごく楽しかったね！」って盛り上がっていました。体育会的な盛り上がりとはまた違った楽しみ方もあるのかな、と思いました。という感じで、「あれはあれで面白かったな」と思えてしまうのが現場対応派なんです。

「当たり前」の摺り合わせ

「相手に期待するからしんどくなる」という話をしていたら、「じゃあ為末さんはどの程度まで期待しないんですか？　たとえば外出中に雨が降ったとき、家にいた奥さんが、為末さんが朝干していった洗濯物を取りこんでくれていなかったらがっかりしませんか？」と聞かれたことがある。

実際はこの逆で、僕が妻の期待どおりに動かなくて怒られることのほうが多いのだけれど、近頃はだいぶそういうことも減ってきた。言えば直るところと、言っても直らないところの線引きができてくると、相手に対する期待値を合理的に下げられるようになるのではないだろうか。

こういった問題の原因はお互いの「これが当たり前」という認識がずれていることから生じるので、「当たり前」の摺り合わせの時間があればある程度は解決するのだろう。ただ、認識のずれはある程度補正することはできても、完全に解消することは不可能だ。そういうものだと割り切るか、関係をやめるかのどちらかしか解決方法はない。

たとえば満員電車に乗るのはいやだなと思っても、毎日そのことに怒りを覚えながら乗り続ける人はいないだろう。そういうものだと割り切って乗るか、乗らなくてもよい生活をするか。

期待の厄介なところは、そこに「取引」の感覚が入り込むことだ。これだけやってあげたのだから、これぐらいはやってくれて当然だというリターンが得られないとき、人は腹を立てる。

妻が干した場合も、僕が干した場合も、「洗濯物が雨に濡れた」という事実はまったく変わらないのに、自分が干したときにはがっかりする度合いがより大きいとしたら、そこには「せっかく自分が○○したのに」という「取引」の感覚が入っている。

スポーツ心理学では、「コントロールできないものではなく、できるものに意識を向ける」ということをよく言う。他人はコントロールできないものだということを大前提にしておくと、自分もいちいち苛立たなくてすむ。期待しないぶん、人生が豊かになるという考え方もできるのではないだろうか。

陰謀論やコアな論客にうんざりしています

ツイッターで流れてくる政治的ツイートがうっとうしいです。街頭演説や一部のニュースも同じです。そういう発言は、たいてい「悪者がいる！」「裏ではこんな陰謀が！」というようにこちらの怒りを誘って過激な思考の仲間入りをさせようとするものばかりのように感じます。しかし政治問題に無関心ではいられないのも事実です。政治的発言と上手に付き合うにはどうすればいいのでしょうか。

（男性　公務員　28歳）

政治的な発言の多くは、リアリティや信念を持って発言しているというより、ある種のプレーに近いところもあると思います。政治的な陰謀論が一定の注目を浴びるのは、「この裏に何か大きな意図が働いている」という話ってわくわくするからなんですよね。政治でもなんでも、複雑でわかりにくいことに直面すると人間の頭は疲れるのだと思います。

秘密結社が黒幕にいるとか宇宙人の陰謀だとか（宇宙人はさすがにないか）いう話にすると、そういう複雑なものが一〇秒くらいでシンプルに説明できます。実際、政治的な問題を本気で考えるのはしんどいことです。人生にはほかにも大変なことがありすぎて、せめて政治の問題ぐらいはすっきりさせたいという面もありますよね。陰謀論にはそういう「ガス抜き」の側面があるんじゃないか、というふうに考えてみてはどうでしょう。

とはいえ、自分の身近な人、たとえば上司やわりと近い友人など、ある特殊な政治的思想を持っている場合は、なかなかつらいですよね。大人になると周囲に一人や二人はいるものですが。最悪な選択は、こういう人たちを説得しようと試みることでしょう。僕も試みたことはありますが、説得どころか議論もできないことがほとんどでした。相手が自分の政治信条に同意や同調を求めてくると本当に苦しい。そこに「この水を飲まないと健康に悪いですよ」とか言ってくるお節介な親戚や隣人のように「あなたがまだ知らない本当にことを教えてあげましょう」というある種の「善意」のようなものがあると余計に面倒です。僕はそういうときは**深追いしないで極力逃げる**ことにしています。

ただ、健康になる水であれ、特定の政治的信念であれ、人がそれを信じずにはいられなかった心理的背景というものもあると思います。ある陰謀論を信じている人がいたとしましょう。もしかするとその人にとってはその真偽が検証されることよりも、その世界観を信じることのほうが重要なのかもしれません。なぜなら、そのほうが単純明快で、世界をすっきりと把握できるからです。

現実には、白黒つけられないことがたくさんあります。真実を追求するよりも世の中に起こる悪しきことはすべて何かの陰謀ということにしておくほうが楽です。そうやって誰かのせいにしないと自分が保てないところまで追い詰められている人は、陰謀論でなくても、何かしら依存できるものが目の前にあったらそれにすがるのではないでしょうか。

いつも怒っている人

政治的な問題も含め、社会問題に取り組むことは、ある種の快感を生むという側面があると思う。特に自分と反対の立場の人や、強大な敵に見える権力者を躊躇なく攻撃し、正義を主張しているときの気分は相当に心地よいのではないだろうか。仲間がいる場合は一体感ともあいまって、さらに気持ちが高揚する。

一方で、自分の身の回りの問題はこんなふうに歯切れよく立ち向かうことが難しい。金がない、なんだか漠然と満たされない、会社の上司が嫌な奴だ、取引先が理不尽なことを言ってくる、友だちのほうがいい暮らしをしている、彼女ができない……こういう問題は今日明日に解決することはできず、考えるだけで面倒だし、向き合うことで痛みも伴う。このもやもやした感じのはけ口を、社会運動や政治運動に求めてしまう人もいるだろう。そういう人は、対象は何でもよくて、とにかくいつも何かに憤っている。

社会問題に関わるときの「正しい動機」とは何かを語るつもりはないが、僕自身については、身の回りの問題がちゃんと片付いてから社会問題に関わろうとあるときからスタンスを決めた。僕は没頭しやすいところがある。自分のような人間が、満たされていない状態で社会問題に取り組むと、快感を得ることを目的にしてしまいかねない。こういう人間はまず自分を幸せにしようと努力して、余ったものを申し訳程度に出すべきではないかと思うのだ。

もう一つ言えば、自分の人生について幸せそうな人の周りには人が集まる。回り道のようだけれども、大きな問題を解決しようとするとき、いちばん有効な手は、身近な問題から手をつけることではないかと思う。

「自然」を掲げる保育園の方針についていけません

わが子が通う保育園について悩んでいます。保育園は認可外ですが、「自然育児」を標榜する有名な園です。泥んこになって遊んだり、冬でも薄着、はだしだったり、紙オムツではなく布オムツを使ったりといった方針を貫いています。キャラクターグッズの使用や、テレビ視聴は禁止、食事は玄米や野菜、魚を中心とした昔ながらの食材の給食が出されます。お弁当も週に数回あり、職員に食材・調理法をチェックされ、冷凍食品など使おうものなら頭ごなしに怒られます。「添加物」「電磁波」「牛乳」などの害についての勉強会もあり、当初は面白く参加していたのですが、気持ちがついていかなくなりました。結局、園の経営者にとっては「自然育児」というのは現代文明の否定のようです。夫には「そんな保育園やめてしまえ」と言われますが、どう思われますか？

（女性　メーカー勤務　39歳）

「自然育児」という方針に共感し、あえて普通ではない保育園を選ばれたのですね。お子さんの体力・健康づくりに寄与する部分も大きく、よい部分もありそうです。僕にも一歳

の息子がいるのですが、怪我をしたり危ない目にあったりしないように親がついて歩かなくてもなんとか生きていけるだけの力をいずれは身につけてもらいたい。彼は家では王様のようだけれども、一歩家の外に出れば何もできない無力な人間です。特別な存在として守ってもらえない場所でも生き延びていくには、死なない程度のピンチを何度か体験させなくてはならないだろうと早くも考えてしまいます。

ただ、この保育園の場合は、彼らの考える「自然」に適応することによって、かえって園の外にある社会に適応できなくなりそうですね。そうなると本末転倒という気もします。僕の友人にも「ベジタリアン」や「ヴィーガン」といった菜食主義の人たちがいますが、厳格な実践者になればなるほど、外食は難しくなるようです。自分の信念でやっているとだし、他人がどうこういう問題ではないですが、傍から見ていてなんとなく不自由そうだなと感じることがあります。

この問題の究極の解決法は、「別の一般的な保育園に転園する」ことなのでしょうが、おそらくは競争率の高い特別な保育園にせっかく入れたのだし、また別の保育園を探すのも大変だし……ということで迷っておられるのだと思います。そこで「退園・転園」という選択肢は最終手段に取っておいて「この保育園でうまく過ごしていくための現実的な処世術」について考えてみましょう。

この保育園の問題は、突き詰めると「独自のルールが支配する特殊な組織で、波風を立てず、できれば快適に過ごすためにはどうすればよいか」ということになろうかと思います。僕の高校時代の友人に聞いたこんな話があります。友人は、厳格な指導で知られる野球部に所属していました。彼は、野球自体が好きだったこともあってなんとか活動についていっていましたが、心が折れそうになることもあったといいます。そんなとき彼の父親はこう言って励ましてくれたそうです。

「どうせ部活動なんて全部『演技』。野球部に籍を置いて一人の部員として過ごさせてもらうときは、演技をまっとうしろ。『いつも同じ素の自分でいたい』なんて、夢みたいなことを言うもんじゃない。野球部員という役割を完璧に演じてみせる。もし不満があったとしても、そこではおくびにも出しちゃいけない。帰宅して素の自分に戻ったときに、思いっきりアッカンベーをしてやれ」

保育園に限らず、「独自の正しさ」に染まっている組織というのは、世の中にいくつも存在します。友人の父親が説くように、**所属する組織が掲げている価値観に、四六時中染まる必要はありません。**保育園にいるときはそこの方針に従っても、職場に出れば頭を切り替えて快適な生活を享受すればいいと思います。価値観というものは相対的で、「絶対的に正しい」ことなんてありません。ですから保育園では「自然保育」の台本に従ってうまく演じ、外に出れば素の自分に戻ればいいのです。

場面によって「演じ分ける」ということが不誠実だと思う人もいるかもしれませんが、見方を変えれば「ニュートラルで身軽な姿勢でいる」ということでもあります。どんな場面でも自分を貫くというのも一つの生き方ではありますが、無理を続けていると内面に矛盾を抱え込んで苦しくなります。もっと軽やかな生き方もあると思うのです。

閉じられた世界は弱くなる

昔は陸上競技でも、選考でみんなが首をかしげるような決定がなされたことがあった。選考基準が明確ではなかったり、例外的な措置がなされたりと、当確ラインの選手はヒヤヒヤしたものだ。選考基準を曖昧にしておくことで、スター選手が落選するときに救済したり、今はまだ実力不足だけど将来伸びそうな人間を入れられるというメリットがある。一方で選手が組織内論理で動くようになるなどデメリットもある。

スポーツの世界に限らず、組織内論理というものはどこの世界にも存在するのだろう。偉い人に取り入れないと損をし、組織のなかで空気を読まないと痛い目をみる。チームスポーツであれば多少なりとも監督の好き嫌いは選考に影響するものだ。企業であればなおさらだろう。

水泳競技のここ十数年の成功要因の一つに、選考基準の明確さがあると思う。選手にするべきことはただ強くなることの一点に絞られるので、組織内政治にエネルギーを奪われることなく、練習や試合に打ち込める。

長期的に見て実力ではなく、組織のなかで権力を持っている人間が恣意的に（ただの好き嫌いで）人を選ぶというシステムは、選手の弱体化を招く。より強くなることよりも、組織のなかで上手に振る舞うほうが評価されるのであれば、人はそのように適応する。そして組織内の政治に最適化された選手は、外部の競争にはいずれ勝てなくなる。組織内で偉い人のほうを向いているあいだに、外部ではより厳しい競争環境によって才能ある選手がさらに揉まれてより素晴らしい選手になっているからだ。

白日の下での厳しい競争は頂点を高くする。監督にお歳暮を送ったほうが選考に有利な社会では、選手たちはお歳暮選びに一生懸命になっていく。

Ⅲ 家族の悩み、お金の悩み

高校生になっても母親と一緒に寝たがる息子

息子のことで相談です。息子は小さいころから信じられないくらいの自信過剰です。そこその学力と運動神経を持っているので、努力しなくても平均よりちょっと上くらいでいられるのですが、その程度でどこからその自信が湧いてくるのだろうと不思議に思うほどです。「先生など目上の人にへつらうことなく、友だちを大切にする」などよい面も持ち合わせています。けれども、暴力こそ振るわないものの、私に対してはいつも乱暴な態度です。なのに、夜は私と一緒に寝るのです。高校一年生にもなって！　私には大学生の娘もいますが、男の子と女の子ではあまりに違うので理解に苦しみます。社会人になって「自信過剰な人」は、嫌われる傾向にあるようにも思います。本人は職人を目指していますが、それこそそういう世界では一人前になるまでには理不尽なことも言われるだろうととても心配です。このままで大丈夫でしょうか。

（女性　会社員　47歳）

本当に自信のある人は他者への依存心が薄いと思います。人の目に「自信過剰」と映る人は、自信のないことの裏返しなのではないでしょうか。この息子さんが、お母さんに乱暴に振る舞う一方で甘えてくるという態度は、本当のところ彼の不安定さから来ているのではないかなと思います。DVに走る男性の本を読んだりすると、脅しと懐柔の双方で相手をコントロールしようとする欲求があるみたいですね。この息子さんに限らず、自分のことを振り返ってみても、男性は二十代半ばくらいまではそういう不安定さがあるような気もします。ほとんどの人は成長するにつれてその不安定さが健全な向上心や競争心に変わっていくわけですが。

でも実際、この息子さんはお母さんが思われるほど問題があるのでしょうか。お母さんのほうにも依存心があるような気もします。なんとなくですけれど、息子さんはたぶん大丈夫です。これくらいの年齢の男子はとにかくアンバランスでどうしようもないものだけれど、年齢を重ねれば挫折も経験してそれなりに大人になっていくものです。お母さんは、こんな性格だったら「理不尽なことも言われるだろう」と心配されていますが、その心配はしなくてもいいと思います。むしろそうやって揉まれていくことで成長するでしょう。

一方で、お母さんには、息子がそうやって揉まれて苦しい思いをすることをちゃんと眺めている努力が求められると思います。もしこれがすごく謙虚で、自分のことは全部自分でやり、お母さんの手を一切煩わせない、できた息子さんだったらお母さんはむしろさびしく感じるんじゃないでしょうか。お母さんの目には息子さんが五歳ぐらいの時期から変わってなくて、体が大きくなったから粗暴に見えているだけのようにも思います。そして本心としては「そのままでいてほしい」と思っている……。

人生のこういうやりとりの一つひとつが即興劇のようだなと僕は思うことがあります。即興劇というのは打ち合わせや台本などなしで、本番が始まるお芝居のことを言います。もちろん役柄も決まっていません。即興劇では「自分の演じたい役柄を選んで演じる」のではなく、相手の出方に応じて、自分の身の振り方を決めなければなりません。

親子関係もまた即興劇のようなものだと思います。お母さんは最近息子さんがそれまで演じてきた「幼い男の子」とは別の役を演じ始めたことに戸惑っておられるかもしれませんが、**ご自身もそろそろ別の役を演じるときに来ているのかもしれません。**

アンラーニング

最近、ものごとを習得する方法は様々に開発されているけれど、忘却やリセットの方法はあまり開発されていないなと感じる。

人生をある程度生きていくと、考え方や動き方の「癖」というものが出てくる。以前指導していた高校生の女の子は、ハードルを飛ぶときに足首が伸びてつま先を前に突き出すようにする癖があった。もっと足の裏をゴールに向けてと言ってもなかなかできない。聞くと、子どものころからバレエを習っていたのだという。

癖そのものには何の問題もないけれど、環境によってそれが問題になることがある。そのとき、過去習得したものを上手に消して、新しいものに書き換えられないと、不具合が生じてくる。ラーニングのやり方はたくさんあるが、アンラーニングはどうやってやればいいのだろうか。刷り込む方法はわかったとして、刷りこんだものを全部消してゼロにするにはどうしたらいいのだろうか。

スポーツでいえば、技術は無意識に出せるようにならないと使い物にならない。ドリブルを一生懸命やっている選手はサッカーどころではない。何にも考えないでドリブルができるから、目の前の相手を見たりパスコースを探したりすることができる。ところが、癖というのはこの無意識に宿る。無意識の癖を読み取られると、相手にしてやられる。せっかく覚えた型が見抜かれたとき、その型が刷り込まれているほど自分に不利になる。

一度学んで身につけたことを「なかったこと」にするためには、自分は何を覚えてしまっているのかをまず知らなくてはならない。僕が引退したときにアンラーニングが必要だったのは、すべてを自分でやろうとする癖と、勝とうとしてしまう癖だった。でも、最初はそんな考え方が競技をしているうちに身についていたことにすら気づかなかった。自分でできないことは人に任せて、自分が勝つのではなくて関わった人みんながよくできるだけ幸せになるように、と意識できるようになって、やっと少しマシになってきた。

あるところでは最適化されたものが、環境が変われば害になる。そのときにちゃんと忘れられるかどうかは、素直さにかかっているように思う。変化しない人は、よく言えば信念が強い。悪く言うと自分を変えられない。

お父さんに認められなくて苦しいです

父親から真剣な顔で「お前はお父さんとお母さんの悪いところしか受け継いでいない」と言われました。たしかに私は、字も下手で人見知りで料理も下手で運動もできないなど欠点ばかりの人間です。自分ではそのコンプレックスを克服するために、字を丁寧に書いたり、人となるべく話すようにしたり、お弁当づくりを頑張ったり、努力してきました。今は働いており、今年結婚もしました。でもふと弱気になったときに、父親の言葉が頭にこだまするのです。「お前は何をやっても無駄だ」と言われているような気がします。自分の父親を取り替えることもできず、どうしようもないとわかっているのですが、私は父親を許せずにいます。苦しいです。

（女性　会社員　26歳）

これは苦しい状況ですね。これだけ読むと、このお父さんは滅多に相手を褒めない人のように想像してしまいます。父親の言葉を真に受けて、真面目に努力を重ね、指摘された欠点を克服して「魅力的な人」になったとしても、おそらくまた別のジャンルで、何らかのダメ出しをされるのではないでしょうか。それをまた克服しようと努力を重ね……とやっていたら泥沼です。

ゴールの見えない努力を続けるよりも、いっそのこと「お父さんは他人に厳しく、何をやっても褒めてくれない人なんだ」と、**心のなかで距離を置いてみてはどうでしょうか。**

さらに数年後、お父さんが今より年をとったときのことを思い浮かべてみてください。若いころはどんなに勢いがあっても、現役時代を過ぎて年齢を重ねると、別人のように小さく見えるときがやってくるものです。これだけ要求が高いということは、父親が自分の理想を娘に投影していたり、娘に受け継がれてしまった自分の欠点に対する怒りである可能性もあります。身体も弱くなり、悩みも抱えた一人の人間としてのお父さんを想像したとき、「認められたい」という気持ちも少しは和らぐのではないでしょうか。

そして、「自分がなりたいと思う理想像」をしっかり思い描いてみることです。「父親に褒められること」が、行動の基準になってはいませんか。いくつになっても、謙虚に自分磨きに励むことは大切だと思いますが、「父親が思い描く理想像」に近づこうとするあまり「自分がなりたいと思う理想像」と乖離してしまっては、何のために努力しているのかわかりません。そうならないためにも自分に対する評価軸は、いくつか持っておくべきです。たとえば、お母さんやご主人は相談者のことをどう評価しているのでしょうか。同僚や友だちは、きっとお父さんとは違う目であなたを見ているはずです。それから、時には自分で自分を褒めるということも大事です。字をきれいに書けるようになったし、お弁当作りがうまくなったのに、「でもダメなんだ」と自分で先回りして否定していますよね。それはやめましょう。

僕は小さいときから足が速くて、かけっこではつねに一番でした。それで陸上の道に進んだわけですが、僕の母は足が速いから偉い、とはまったく言わない人でした。それどころか「陸上なんていつでもやめていい」といつも言っていました。それはそれで少し悔しくもありましたが、そのおかげで、母に認められるためではなく、自分がやりたいから陸上を続けているのだという自覚を持てたのだと思います。

自分で選んだからではなく**「誰かのために」やる努力は、それが報われなかったときに自分や相手に対する攻撃に変わってしまいがちです。**この方も「父が許せない」ということでいちばん苦しまれています。

仕事を持ち、家庭を持ってもなお親の呪縛に悩む人というのは少なくないのかもしれません。『母が重くてたまらない』（信田さよ子著）という本もありましたよね。世界各地にはさまざまな「親離れ」のための通過儀礼があります。インディアンのある部族では、成人として認められるために村から離れた山の中まで行って穴を掘ってそこに入り、数日間の苦行を行うというしきたりがあるそうです。それまでの価値をいったん崩壊させて、一人の自立した大人として生まれ変わるという意味があるんでしょうね。日本でも元服の儀式を経るとその日から別の名前を授かって、ある意味、別人格の大人として扱われました。そういう手の込んだ儀式は「親離れ」「子離れ」を円滑に行うためにはかなり有効なのかもしれません。

この方が言われているように**父親は取り替えることはできませんが、「関係性」を変えることはできる**のです。

記憶について

個人の記憶というものは「あるものをそのまま記憶」しているわけではない。目の前のテーブルの上にコーヒーがあって、友だちがその向こうに座っているという光景をそのまま記憶するのではなくて、そのときの気分や話の内容から感じたことを人は記憶する。

健全な精神を保つコツは、「あれはなんだったのか」をうまく編集することだと思う。つまり過去に起きたことをどう編集して記憶させるかが、現状の自分の精神状態に大きく影響するということだ。たとえば、僕の最初の講演は支離滅裂で散々だったが、それを「準備が結果を決める」ととらえるのか「自分はしゃべることは向いていない」ととらえるのかで自分に対する評価がずいぶん変わる。そして、その後の行動まで変わってくる。

思い詰めやすい人は、過去の記憶が固定されているがゆえに現在の自分も固定されていると思い込んでいるように思う。過去に起きた出来事を変えようのない事実としてとらえているように見えるのだ。ある出来事を「自分がそう解釈した」

ではなく、「そういう事実があった」としてとらえている。事実というものは変えられないと考えると、記憶を「編集し直す」という発想にもならない。

成長する人は記憶の編集がうまい。人生においての学びは、起きた出来事を抽象化し、とらえ直すということで行われると思う。さらに言えば、どのレベルまで抽象化できるかが学びの質を決める。たとえばラグビーワールドカップで日本代表の対南ア戦を見て「やっぱり練習量が大事だな」ととらえる人と、「戦略もさることながらそれを実行する意思力が大事だな」ととらえる人とでは、明日からの行動が変わってくる。

私たちは事実を覚えているのではなくて、それを認知して編集されたことを記憶している。そのバイアスは何なのか、本当は違う見方もあるんじゃないかと考えることで、ずいぶんと記憶は書き換えられると思う。

病弱な夫を抱えたゆとりのない生活に絶望しています

病弱な夫を抱え、貯金もなく毎日仕事に追われて生活にゆとりがありません。友だちや兄弟など周囲の人の生活ぶりを見るにつけ絶望するほど落ち込むことも多いです。周囲に反応しないように自分なりの幸せを感じ希望を持って前向きに生きるにはどのように心がければいいと思われますか？　またその心がけや習慣を維持させていくコツがあれば教えていただきたいと思います。

（女性　会社員　57歳）

とてもつらい状況ですね。これは少しずつでも認識を変えていくしかない話だと思います。未来のことを考えると不安しかない状態なら、今と過去にフォーカスするしかないのではないでしょうか。

ナチスドイツの強制収容所での体験を書いたフランクルの『夜と霧』に、クリスマスには必ずここから出られるという希望を支えにしていた人たちは、クリスマスが過ぎるとバタバタ死んでいったそうです。フランクルはそれを見て、希望というのは何かにすがることではなくて、今この瞬間にあるということなのではないかと考えました。収容所で生き延びるときに重要だったもののなかに「愛」があるのですが、それは目の前に愛する人がいるということではなくて——家族や友人のほとんどが殺されていたりするので——愛する対象がいたということを思い出す行為でした。**何かしら毎日思い出すことはできますよね。**それを意識的にやるということも大事だと思うんです。毎日小さな幸せを見つけましょう、という月並みな話になってしまうかもしれませんが、それって意外にパワーがあることなのです。

この方は「周囲の人の生活ぶりを見るにつけ絶望するほど落ち込む」と言っておられますが、苦しさの源には比較があると思います。ほかの人と比較して「なんで自分だけ」と思うと余計に苦しいですよね。頑張った人は報われる、正直者は救われる、という考え方があるとなおさらだと思います。支払った対価と得られるものは究極的にはバランスするという前提だと、頑張っているのに報われない自分、頑張ってないのに報われているあの人、というふうに見てしまう。特に友だちや兄弟のような近しい人が自分に比べて恵まれていると思うと余計に面白くないのでしょう。

AV監督の村西とおるさんがインタビューで「人生死ぬほどつらいときは下を見てくだ

さい。村西がいます。何十億円という借金を抱えて生きている私を見て、『あいつよりはましだな』と思って活力にしてください」といった内容の話をされていました。自分なりの幸せを見つけましょう、というときれいな言い方になりますが、村西さん流に言うと「下を向いて歩く」というのもありだと思うんですよね。

自分はまだ恵まれているのかな、というふうに思ってみる。僕は子どものころからそういうふうに考える癖がありました。不思議なことにそう思うと落ち着いたんです。競技をやるときでも、「途中で転んで予選で落ちていたかもしれない」と考えると、そうならなかっただけで「ラッキーだな」と思えてくる。つねに期待値を下げて「思ったより悪くないんじゃないか」と自分に信じさせる。

幸せってつまるところ落差だと思うんです。どこを基準に考えるかで感じ方が変わる。**「ある」ことを当たり前だと思うか「ない」ことを当たり前に思うか。**現実も、現実に対する認識も簡単には変わらないと思いますが、少なくともそういう考え方もあるということをときどき思い出してみていただければと思います。

人生を引き受けるということ

人生には理不尽なことがたくさんある。冤罪で牢屋にぶちこまれるかもしれないし、帰ったら家族がいなくなっているかもしれない、乗った飛行機が落ちたり、いじめやパワハラもあるかもしれない。どんなに真面目に生きていても、本当に火の粉が降りかかるように不幸に見舞われることがある。

理不尽なことは無くしていくべきだ。冤罪はもってのほかだし、いじめやパワハラの撲滅に社会として全力で取り組むべきだろう。一方で、そういうことが自分の身に降りかかったらどうすればいいのだろうか?

人生を引き受けるとは、結局自分のせいではなかったとしても「自分の身に起きたことは自分の人生で引き受ける」と認識することだと思う。これは理不尽なことをがまんするということとはまったく違う。

理不尽が許せないと抵抗してもいいし、周囲に助けを求めたり、周囲が助けてくれるのを待ってもいい。社会全体で問題を解決するという方法もある。なかにはこんな人生に誰がしたと呪いながら生きていってもいいし、なぜなんだろうと考え込んでもいい。本当に何も抵抗できない状況でただ追い込まれざるをえないことも当然あるだろう。

人生は引き受けなければならないわけではない。誰が何を言おうがどうせ引き受けるだけの話だ。ただコンビニでバイトをしていたのに、いきなり強盗が入ってきてナイフを突きつける。必死に抵抗したけれど心臓をナイフで突かれて死んでしまう。こんなことはあってはならないし、許されない。必死に抵抗しても結局無駄だったのかもしれない。いろんな考え方も選択肢もあるが、一つ決定しているのは自分は死んでしまったということだ。

何度も繰り返すけれど、人生は最後には引き受けるようにできている。僕は早めにこれを認識して生きていきたいと思っているが、そうではない人もいるだろう。それはそれでいいと思う。

気づけば独身のまま四十代。親孝行のためにも結婚したい

気がついたら四十代になりました。意図したわけではありませんが、まだ独身です。親孝行の意味も含めて結婚をしたいと思い始めています。私のような未婚者が増えている現状についてどう思われますか？

（女性　会社員　40歳）

四十代で未婚であっても、本人さえ納得していればよいのではないでしょうか。結婚しない人が増えていると言いますが、極端なことを言うと、相手さえ選ばなければ結婚すること自体はそんなに難しいことではないと思います。

ただ、出会いの場が少ないという話はよく聞きます。日本の「はしたない文化」のせいもあるかもしれませんね。最近は「婚活」という言葉も出てきて、若い人はおおっぴらに結婚相手を探す活動にさほど抵抗がないのかもしれませんが、ある年齢を超えると急に「なんだか、そういうことってはしたないんじゃないの？」という空気になる。ゆるやかな出会いの場というのは年を経るにしたがって少なくなっていき、真面目に結婚相手を探すな

ら紹介所や婚活パーティーなど、目的を明確にした専門のコミュニティに行くという流れになっていきます。

結婚していなくてもこの方のように「いい人がいればしてもいい」という人が多いと思うのですが、そういう「ぼんやり結婚を意識している」人にはこの手のコミュニティは敷居が高いかもしれません。もっとゆるい「出会いの場」があればよいですね。

相談者の方は「親孝行のためにも結婚したい」とのことですが、親、もっと言えば家のために結婚するという価値観は薄まってきていますよね。国際結婚や非婚という選択肢も増えて、同性婚も市民権を得つつあります。つまり生き方のダイバーシティ（多様性）が認められるようになってきた。ただ最近は、少子化の煽りを受けてか、急に社会全体に「産めよ増やせよ」という空気が流れて、未婚者への風当たりが強くなってきました。この風向きの急激な変化に戸惑っている人は多いかもしれません。

「生き方のダイバーシティを認めましょう」という世の中の流れがある一方で、「この国の少子化は非婚晩婚が諸悪の根源だ」という論調があります。個性を尊重しようとか、多様性が大事だと言っていても、**少子化の議論になると、「全体のための個人」という発想になりがち**です。

このように見てくると、結婚観をはじめとする**社会通念は絶対的なものではなく、時代によって移り変わるもの**だということがわかります。当面、結婚するのがマジョリティであるということは変わらないと思うので、一定年齢以上で未婚だと肩身が狭いということはあるかもしれませんが、本人が納得していれば、親や世間体のために無理をして結婚することもないのではないでしょうか。時代によって変わっていく社会通念に生き方を合わせていくことを窮屈に感じている人も少なからずいると思います。

多様性を担保する

ダイバーシティという言葉をよく聞くようになった。日本語でいうと多様性になるのだと思うが、要はいろんな人やいろんな考えということだと思う。ソーシャルインクルージョンという言葉も出てきて、社会はこれからとにかく多様なものを内包していく方向に向かうのだろう。

多様性の議論は、女性の話、またはＬＧＢＴ、さらには障害者の方の話が中心になることが多い。より突き詰めると「すべての人が自分らしくあることだ」という考え方もある。どんな人もくくりようによってはマイノリティに分類される可能性があるわけだが、それはその人の一面にすぎない。

あるとき、ＬＧＢＴの友人同士が、安保のことで言い合っていた。当然ながら安保反対派もいれば賛成派もいる。障害者にも右翼もいれば左翼もいるだろうし、ＬＧＢＴにもいい人もいればいやな人もいるだろう。

ダイバーシティを重要視するという方向には僕は賛成で、マイノリティの人が過ごしやすい社会をつくっていくべきだと思う。ただ、人をわかりやすい側面だけでくくってしまうこと自体が多様性を損なってしまうという恐れもある。

障害者と健常者の会合で誰かが「こんな似た者同士集めてどうするんだ」と叫ぶ場面があった。そこには価値観の似通った人が集まっていたからだ。本当のダイバーシティは、価値観のそれであると僕は思う。社会を運営していくためには、人をある程度属性によってくくらざるをえない。でもそれは望ましいからではなく、そうするしか仕方がないからやっているということには自覚的でありたい。

中学生のいるシングルマザーですが、パチンコがやめられません

中学一年生の子を持つシングルマザーです。これからいろいろと、わが子にお金がかかる時期なのに、お金に少し余裕ができるとパチンコに行ってしまいます。「貯金しないとダメ」とわかってはいるのに……。こんな自分が本当に大嫌いです。（女性　パート　39歳）

パチンコにはまっている自分が「大嫌い」とおっしゃっているわりにはあまり切迫感が感じられないのですが……。本当にやめる気があるのでしょうか。この方の場合、パチンコ癖とは別の大きな問題が根本に潜んでいる気がします。

このお悩みを聞いたとき、「**予実対比**」という言葉が思い浮かびました。予実対比とは、当初の計画（予算）と実績を比較して、その差が生じた原因を分析することです。つまり、**計画どおりにいかなかったときになぜなのかを考える**ということです。経営や会計などの分野で使われる言葉ですが、けっこう応用が利きます。

人生をこまめに予実対比していると、計画と実績のズレに早めに気づいて補正していく

こともできます。ただ、この方の場合は計画と実績にズレがあったというより、そもそもの計画が無かったことが問題のように思えます。パチンコにお金を使ってしまったから貯金できないのではなく、そもそも貯金しようと思っていなかったからパチンコで浪費してしまったのではないでしょうか。

ということで、まずは五年後、一〇年後に達成したい目標を掲げてはどうでしょう。貯金に関しては、たとえば「一カ月に〇〇円貯金する」といった具合により短期間の数値目標を立ててるとよいかもしれません。陸上競技のトレーニングでは目標達成のためにあらゆることを数値化し、目標が達成されたところを繰り返しイメージします。漠然と「こうなりたい」と思っているだけだと結局流されてしまいます。もちろん、計画どおりにことが進まないこともありますが、そこで自分に対して厳しくなれるかどうか。これが難しいんですよね。

懐が温かくなったらパチンコをするという条件反射的な行動は、「がまんする」といった精神論ではおそらくやめられないと思うので、物理的な制限をかけることをお勧めします。たとえば、「忙しくして、パチンコに行けない状況をつくる」というのも一案です。

シングルマザーとしてお子さんを育ててこられた過程ではご苦労もあったと思います。

そのストレスがパチンコに向かっている、ということも考えられますね。だとしたらそのストレスを突きとめ、それを解消する方法も合わせて考えたほうがよいかもしれません。いずれにしてもご自身が直面している問題が「パチンコをするせいで貯金ができない」というよりももっと根が深いものだということを認識してください。

目標までの距離とパフォーマンス

競技者は目標を設定し、それに向けて日々トレーニングをする。目標は世界一になるという壮大なものもあれば、この試合で三位に入るという具体的で身近なもの、あるいは自分の力を出し切るという抽象的なものまでいろいろあるけれど、いずれにせよ何らかのターゲットを見据えてそこを目指す。

目標達成を絶対化するとそれに向けてなんとしてでも達成してやろうという意識が生まれる一方で、それが弊害を招くことがある。たとえば、インターハイ当日、どう考えても決勝に残れるかどうかもわからない選手が、年間一位になると目標を掲げて頑張ると、意識と体がずれて力が出ないことがある。

人間には体感的な射程距離というものがあって、頑張れば届きそうだという距離とちょっと頑張っても無理だという距離がある。前者の場合では具体的にどうすれば届くのかということが考えられるけれど、後者の場合は具体的にどうしていいかわからないので、ひたすら頑張るということしか浮かんでこない。初めてマラソン大会を走る人はほぼ例外なく力を途中で出し切ってしまうか、ゴールまで力を余らせてしまうかのどちらかになる。ゴールで全力を出し切る状態にもっていくには相当の技術がいる。

人はいつも「全力を出し切って」生きているわけではない。トレーニングにおいてさえ、限界の手前を限界だと認識していることが多い。だから死ぬ気でやれば目標を達成できるということはたしかにある。

でも、継続的にパフォーマンスを最大化するには、「死ぬ気で」やるよりも適度な目標設定のほうが効果的だ。山登りで頂上が見えた途端、どれだけバテていても登りきれそうな気分になるのと一緒で、頑張ればいけそうだという感触はパフォーマンスを最大化することにつながる。

僕は現役時代、本番までの目標と、本番当日の具体的な目標はずれてもかまわないと考えていた。メダルを取るために四年間やってきたけれど、当日になって「決勝進出」に狙いを変えたこともある。これは妥協と言えるかもしれない。また、目標を下げたせいで本当は取れたはずのメダルが取れなかったと言えるかもしれない。ただ僕はそのほうが力を出しやすかった。

到底手が届かないところの巨大な人参を食べようとしても力が出ないけれど、目の前の小さな人参は食べられそうなので力が出る、ということかもしれない。

Ⅳ　職場の人間関係

部下のためを思ってつい厳しくしすぎてしまいます

高校時代に野球部に所属していました。そのときの監督が「教育とは脅しだ！」とまで言う鬼監督で、練習中での体罰も酷いものがありました。しかし今までさまざまな逆境を乗り越えられたのは、そのときの経験があったからとも感じています。厳しかったこの高校時代の経験をこのように肯定しているためか、部下にも厳しく接してしまいます。「そこがダメなんだ！」「そこを直せ！」と指摘してばかりで、部下の心を傷つけていることもあると感じます。もちろん各社員の力量を把握したうえで設定したハードルを達成できたときは褒めますが、基本的に褒めれば油断すると思っています。そういった自分を改善したい気持ちもあり、実際努力もしたのですが、具体的に何をどうすればいいのかわかりません。「つねに現状からプラス1を目指せ」というのが私の持論です。自分らしさを失うことなく改善できる方法がないものでしょうか？

（男性　会社員　45歳）

「つねに現状からプラス1を目指せ」というのが持論、というのは厳しいけれど、四五歳で管理職なら会社にとってはそれくらいやってくれたほうがありがたいと思います。ただ、部下がついてこないとなると問題ですね。**うまくガス抜きできる人を近くに配置するのが理想**ではないでしょうか。「まあまあ、そこまで言わなくても」「少しずつだけど成長しているよ」といった感じでフォローしてくれる人がいれば、部下が厳しい父と優しい母のあいだで勝手にバランスを取ってくれるんじゃないでしょうか。母親役は女性でも男性でもいいのですが、要は、一人で両方やるのは大変だということです。いつも厳しい人が急に優しくなったりすると部下も混乱すると思いますし。

ご本人は体験として「厳しさ」によって引き出されるものがあることを知っているわけですが、それをそのままやってしまうとハラスメントになりかねない。部下のためを思えば厳しくしたほうがいいと思いながらも、自分を抑えている状態だから、自分が否定されるような苦しさがあるのだと思います。そういうことでいえば、この方に「叱らなかったのに部下が伸びた」という一種の成功体験があれば変われるかもしれません。

あるいはもっとも成果を出した方法に自分自身を適応させていくという考え方もあります。先生と生徒の関係と、上司と部下の関係は別物です。先生は生徒を人間的に成長させるという役割がありますが、上司は部下の人間的成長云々よりも、部署全体の業績を上げられることが求められます。与えられたKPIに対してどうやって最大の効果を出すのか。そこを基準に自分のやり方を変えてみると、少なくとも「自分を否定された気持ち」からは逃れられるのではないでしょうか。

変な言い方ですが、僕は「成長したくない人の自由」もあるように思います。「この人はこのぐらいの成果を出すだろう」ということでお給料が決まっているのだとしたら、そのお給料以上でも以下でもない仕事をした人に、会社は「さらなる成長」を迫ることができるのでしょうか。本人がより高い報酬や地位を得たいなら、言われなくても成長を目指すのでしょうが、自分はこの程度でいいやと思う人もいるでしょう。成長することは誰にとっても幸せなことで、ゼロを1にすることはつねに善、とは言い切れないところがあります。

これから人工知能が職場に入り込んでくると、労働の対価が時間で決まるような仕事はどんどん減っていくと思います。会社に来ても来なくてもいいけれど、成果物のクオリティは求められる。そうなったときのマネジメントのスタイルというのは「厳しく言って育てるか」「褒めて育てるか」といった単純な問題ではなくなると思います。

褒められることの恐ろしさ

僕は褒められると怖くなるという性質がある。少しならいいのだけれど、過去の経験から絶賛されたり、褒められ始めると自分のなかで自分を抑えようという気持ちが湧いてくる。僕は褒められることに弱い。こういう人間は、褒められた瞬間の喜びを人一倍強く持ってしまう。

褒められることがうれしいと、褒められそうなことを人はしてしまう。もっと強く言うなら、褒められることを求めていくと世間に（しかも自分が全体だと信じ込んだ一部に）迎合していく。しかも世間はうつろいやすい。褒められるままにそれを追いかけ、受けそうなことをやり続けていって、ふと気がついたらみんながいなくなっていて、知らないところに一人でポツンと立っていたという経験があった。

すごく褒めてくれる人は、期待を裏切ると敵になる。褒めていたときの期待がそっくりそのまま怒りに変わる。どうしてあなたは私が思うあなたじゃないんだと言ってくる。こういう人は期待値が上がる前に、がっかりさせておかなければならない。僕になんか興味を持たないほうがいいですよというメッセージを出しておくとその後の絡みが幾分楽になる。皮肉なことに、褒められることを目的にしていると、いずれ褒められなくなる。自分でもやりたくてやっているのか、褒められたくてやっているのか混乱してきて、ブレてくるからだ。それを人は敏感に察知する。

中学三年生のとき、中学記録を出して注目を集めた。たくさんの大人の人が周りに来て褒めてくれた。高校時代に入りスランプにはまると急に周辺ががらんとしてきた。オリンピックに出たときも、メダルをとったときも、人が集まってはまた閑散となった。世間の動向に一喜一憂し、モチベーションが上下する。何度かそういう経験を経て、世間と距離をとり、淡々とやり続けていくほうが目的が達成されやすいということを僕は学んだ。

お局様がスマホを使わず辞書と虫眼鏡を使えと言ってきます

職場の大先輩であるお局様からの攻撃に悩まされています。私の言動がことごとく気に入らないようで、「電話の置き位置が一五センチ右に寄っていた」などと重箱の隅を突くようなことばかり指摘されています。使っていない電気スタンドを片付けたところ、なぜかとがめられ、一時間説教されたことがあります。また、お局様はスマホに抵抗があるようで、使わないようにと要求してきます。私は受付業務ですので、お客様の漢字をスマホで調べたり確認したりすることもあるのですが、それもできません。「辞書と虫眼鏡を使いなさい！」と言われたときは驚愕しました。こういう人とうまく付き合うにはどうすればよいでしょうか？

（女性　受付　52歳）

「苦手な人と仲良くなるには、相手の持ち物や身なりなどをまず褒めてみましょう」。コミュニケーションの教科書のような本には、こんなことがよく書かれています。たしかに人間関係を円滑にするには褒めるのは効果的だと思います。ただそれもパーソナリティあってのことですから、無理に褒めても不自然さが前に出て逆効果になるかもしれません。

小手先の人心掌握術に走る前に、なぜお局様がそういう態度を取るのか、考えてみましょう。たとえば、自分がスマホが苦手だからといってあなたにまでスマホを使わせないというのは明らかに行きすぎですね。電話の置き位置にしてもスマホの利用にしても、彼女が細かすぎる指図をするのは、「何らかの隠れたメッセージ」だと思います。身も蓋もない言い方をすると、彼女はあなたのことを快く思っていない。その場合、あなたが言われたとおりスマホの代わりに辞書と虫眼鏡を使って嫌われないように努力をしても無駄に終わります。何をやっても言いがかりをつける理由は見つけられるからです。では何もできないのかというと、そうではありません。**自分自身の認識を変えることは可能**です。

このお悩みを聞いて、北海道浦河町にある「べてるの家」を思い出しました。「べてるの家」は、精神障害などを抱えた人たちのグループホームなどを備えた活動拠点です。ここでは、「三度の飯より会議」を合い言葉にしていて、共同生活についての話し合いが活発に行われています。この会議は自分の病気の経過をまとめ、報告する場でもあります。そのとき、自分の症状にオリジナルの病名をつけたり、幻聴のことを親しみをこめて「幻聴さん」と呼んだりしています。また、互いにそれぞれの症状を実況中継したりすることもあるそうです。たとえば「○○さんは、ただ今妄想モードに入りました！」とか。べてるの家の人たちは、そうやって自分や相手の症状を客観視することで、病気とうまく距離をとって、なるべく無理をせず付き合っていく術を身につけていきます。「認識を変える」というのはこういうことだと思います。

たとえばお局様から、何か言われたら、「あっ、また責められた」と思うのではなく、「お局様は、ただ今攻撃モードに入りました！」と、**心のなかで実況中継をしてみたらどうでしょう。**お局様その人に相対するのではなく、「なぜかわからないけど不思議なことを言ってくる人がいる」という状況全体を冷静に観察してみる。そうすると「またこんなことを言ってる理不尽なことを言われた、どうしよう」ではなく「またおかしなことを言っているけど、放っておこう」と少し余裕が出てくるかもしれません。

お局様のような理不尽な「威張りプレーヤー」はどこにでもいるものです。ある年齢以上になると、「若年者に対して無条件に高圧的、威圧的な態度を取ってしまう」という傾向が、多かれ少なかれ出てくるものなのかもしれません。自分の子どもや部下でもない人に対しても、無意識のうちに「上からの物言い」になってしまう。僕はそういう高圧的な人に会ったときは「またまた威張りプレーヤーが始まりました！」と、心のなかで実況中継することにしています。

相談者の方は五十代ですが、こういう問題はいくつになっても、どこにいってもあることだと思います。最初からそう思って、相手に対する期待値を下げておくことも大事かもしれません。真面目で正義感の強い人ほど「この人との関係を改善しなければ」「この人に気に入られなければ」と頑張ってしまいます。

そもそも相手の心を「変える」ことなんてできないんです。でも、自分の認識は変えられる。実況中継、ぜひ試してみてください。

負けられない人

陸上を引退したあとの世界で、それまでといちばん違うなと思った点は、別に自分が勝たなくてもいいということだ。スポーツでは自分が勝つために、あるいはチームが勝つためにすべてを費やす。僕にとって、自分以外は倒すべき相手だった。

ところが引退後の世界では、別に相手に勝たなくても結果として価値を生み出していれば認められる。敵チームと組んでもいいし、自分が主役でなくてもいい。最初は手柄を独り占めしようとする癖が抜けなかったけれど、あるときから人に得してもらおうと意識するようになった。そうしたら仕事が回り始めた。考えてみれば当たり前で、自分にいいことを持ってくる人を私たちは優遇する。

スポーツの世界は派閥が多い。あまりにもコンペティティブな感覚が強すぎて、ほんの少しの違いが許容できなくて敵をつくってしまう。敵が多いというよりも、一緒にやるという感覚がない。あいつの手柄のためになんて働けるか、というわけだ。

スポーツ以外の社会にも少なからずこういう人がいる。一〇〇億の五パーセントより、一〇〇〇万の一〇〇パーセントをほしがる。社会からの名誉より、目の前の相手に重要視されることを望む。チームを世界で勝たせることより、チーム内で一番になろうとする。総じてこういう人はプライドが高く、中途半端に欲深い。本当に欲深ければ、もっと大きなものをほしがるから、小さな勝敗を気にしない。でも、こういう人はそれが見えていないので、世界一のチームメンバーより町内一の一匹狼を好む。負けず嫌いタイプが井の中の蛙になると、非常に面倒臭い。

世界一になろうとすれば時間とそれからそのほかの資源も足りなさすぎるから いちいち目の前の勝負にこだわっていられなくて、使えるものは何でも使っていくしかないという感覚が強くなる。視点の低さは害が多い。

部下が何かにつけ「パワハラ」と騒ぎたてます

二十代の部下が注意をしただけで、パワハラだと言ってきます。非常にやりにくいです。業務遂行上必要なことを指示しただけで、ハラスメントだと騒ぎたて、あてつけのように会社を休むなど、手に負えません。どうしたらいいですか？

（男性　金融　42歳）

以前、食べ物への異物混入が問題になったことがありました。もちろん食べ物の安全性は大事な問題ですが、そういう問題が出るたびに品質管理をどんどん強化していくと、どこかでコストに見合わなくなって値段に跳ね返ったり、商品が出せなくなったりする可能性もあります。ある種の寛容さを失うことには代償が伴うわけです。

ハラスメントの問題にしても、あまり敏感になりすぎるのはどうかと思います。そういうフレームで見るとなんでもハラスメントに見えてきますよね。たとえば国家間のあらゆる交渉には暴力や権力の影がつきまといます。そういったものをちらちらさせながら「何かあったら、わかってるんだろうな」と世界各地でやり合っているのが現実です。それを「軍事力を背景に無理難題を押し付けてくるなんてハラスメント外交だ！」なんて言っても誰も聞いてくれません。

小学生同士がもめたとき、いちばん効くのは「先生に言いつけてやる！」の一言です。当事者同士の話し合いではなく、何か大きな権力をもとに全体の問題を解決するという方法です。この癖が大人になっても抜けない人っていますよね。

この相談者の部下の方は、この**「言いつけてやる！」メンタリティをひきずっている**のかもしれません。社会に絶対的な正義とか絶対的な権限を持った誰かがいて、「その人に私がこのことを言ったら大変なことになりますよ！」ということで相手を黙らせるというやり方です。「ネットで曝してやる！」というのも、「世論」という権力に「言いつけてやる！」という態度ですよね。この「言いつけてやる！」が連鎖していくと誰も何も言えない状況ができあがります。

質問者の部下のAさんの究極の目的は、きっと「（自分にとって）気持ちよく働く」ことなのだと推察します。上司の指示や注意は彼にとって気持ちよくないことなのでしょう。それを面と向かって言えないから「それはパワハラだ」とやって相手を黙らせる。これで上司が本当に黙ってしまっては彼のやりたい放題です。おそらくこの部下は、この上司はそう言っておけば好きにさせてもらえるだろうとたかをくくっています。ある意味、まともで話がわかる上司だからこそ、「パワハラと言われることはまずい」という判断ができると踏んでいるわけです。

もし、パワハラにあたることは一切していないという自信があるのなら、部下の期待を裏切ってみるのも一案です。「パワハラだ」と言われてもまったく態度を変えずに淡々と接する。そうすれば相手も「この人にこの手は通じないな」と諦めるでしょう。

あるいは、「私もいろいろと苦労が多くて」と弱みを見せてみるのもいいかもしれません。**「上司＝強者」「部下＝弱者」という部下の頭のなかにできあがっている構図をいったん崩してみる**ということです。上司をパワハラ呼ばわりしても意味がない、あるいは上司をパワハラ呼ばわりしなくても気持ちよく仕事ができるということがわかったら、おさまるのではないでしょうか。

惚れたら負けよ

うちの息子はもうすぐ一歳になるが、注意散漫加減と行動意欲は僕に似て激しい。気がついたら階段から落ちそうになっていたりと日々目が離せない。

ときどき、ふとこのままほったらかしたらどうなるんだろうかと想像してみるが、おそらく一日もたたないうちに瀕死の重傷を負うにちがいない。じゃあそうなったとして一体誰が困るのかといったら、息子が重要でしょうがない僕が困る。この子がいなくなるとほかでもない僕が困るから、あっち行きたいこっち行きたいと動きまわる息子にコントロールされているかのように動かざるをえないのだなと思った。

「惚れたら負けよ」とよく言われるが、恋愛においても基本的には惚れたほうがコントロールされる。商売でも同じことが言えるのではないだろうか。

僕も会社を経営しているから、できたら「あなたが困るでしょう?」という側に立ちたいものだけれども、今のところはそう言われないように、あるいは、そう言われても生き延びられるようにしておくことで精いっぱいだ。

一方、父親としては、息子には「あなたが困るでしょう?」という力がまったく通用しない、自分で何もしなかったら本当に死んでしまうかもしれないという状況をどこかで体験させる必要があると思っている。自分が重要なものだと扱われない場所でもしっかり生きていけないと、自分のテリトリーの外で勝負ができない人間になってしまう。

彼に「死なない程度のピンチ」を与える方法について、今から悩んでいる。

誰の得にもならないのに人を攻撃する人が多すぎる

他人の何気ない一言にいちいち傷ついています。聞き流せばよいような些細なことでも気になります。そのあげく「私だったら冗談でもそんなことは言わない」とその人を心のなかで責めてしまいます。人を傷つける誰の得にもならないことを平気で口にする人というとイライラしっぱなしです。

（女性　教員　25歳）

今の職場は、いじめやモラハラばかり。その結果、休職や異動、退職など人の入れ替わりが激しいのですが、それを訴える先もありません。自分の立場を考えると「いけないこと」を目の当たりにしても、正面切って指摘することもそうそうできません。みな穏やかに仲よく過ごせばよいのに、他人を攻撃する人があまりに多いのはなぜなのでしょう。不思議でなりません。

（男性　サービス業　36歳）

誰かれかまわず精神的な攻撃を仕掛けてくる人っていますよね。僕自身、ネット上で一

方的に言いがかりとしか思えないようなことを書かれたりすることもしばしばあります。明らかな誤解の場合もあるのですが、一つひとつ反応していては心が持ちません。だから反論する前に、「なぜこの人は、こんなとらえ方や感じ方をするのか？」と考えるようにしています。もしかしたらその人は過去の人生に何かあって、それに対する憤りをただ僕にぶつけているだけなのかもしれない……そんな気持ちになることもあります。

攻撃的な書き込みにはある共通点があります。それは「承認欲求」です。平たく言うと「もっとかまってよ」ということです。幼児期の母親のように自分を無条件に受け入れてくれる存在が見当たらないから、イライラしてネット上で攻撃的な言葉をまき散らしてしまうのかもしれません。面白いのは、攻撃的な人は、第一印象は敵にしか見えないのだけれど、落ち着いて面と向かってコミュニケーションをとると、案外いい人で、敵どころか味方のように応援してくれるようになったりすることもあります。

この二つの相談には共通点があります。それは「私がこんな酷い目にあっているのでなんとかしてほしい」という話ではなく**他者を攻撃せずにはいられない人を見てザワザワしている**という点です。人をむやみに攻撃するような人間は懲らしめないといけない、という勧善懲悪的な気持ちもあるのかもしれません。故意に人を傷つけるような人に対して憤りを感じるというのはわかりますが、その人たちに「そんなことはやめろ」と働きかけてもほとんどの場合は無駄に終わるでしょう。

他人をわざわざ傷つけるようなことを言ったりやったりする人は、太古の昔から社会に一定数必ず存在しています。そのつもりはなくても人を傷つけていることだってあります。誰もが豊かで幸福な時代になれば、他人を傷つける人はいなくなるでしょうか。僕にはどうもそうは思えません。むしろ「誰も絶対に傷つかない世界」があるとしたら逆に怖いですね。正直な感想が人を傷つけたり、大半の人には正しいと思えることが一部の人にとっては受け容れがたいことだったりもするのが世の中です。

と言ってしまうと何の解決にもならないのですが、僕は人を**攻撃する人は人から注意されたり懲らしめられたりしなくても、すでに罰を受けている**と思うのです。限られた貴重な時間を、呪詛の言葉を吐くという何も生まない行為に使わずにはいられないということ自体が懲罰のようなものです。コーヒーでも飲んでのんびり過ごせる時間に、わざわざ副作用のあるようなことをしているわけですから。人を故意に攻撃する人は、その言葉が相手を傷つけるということをわかったうえでやっている。つまり、自分もその言葉で傷ついたことがある人だと思います。そういう経験がないと、相手を傷つけようと思ったときにわざわざその言葉を選ばないでしょう。

子どものころ、やたらと人の身長のことを口にする同級生がいたのですが、彼自身、背が低かったんですよね。だから彼の攻撃は「それを言われたくない」ということの裏返しだったのだと思います。自分と違う意見を持っている人に対して「頭が悪い」としか言えない人は、自分もそう言われるのがなにより嫌なのでしょう。

心無い言葉を耳にすると、殺伐とした気持ちになったりもしますが、それはその言葉を使う人自身の苦しさや悲しみのあらわれなんだというふうに考えてみると、感じ方が変わるかもしれません。

嫌いなことと一体感

社会や組織の多様性が大事といわれるが、実生活レベルでは価値観が似た者同士で集まるのは自然なことだろう。そのほうが楽だからだ。価値観が似ているかどうかを判断する基準の一つが「嫌いなもの」や「許せないこと」ではないかと思う。

こんな生き方はしたくないよね。こういうことを人はするべきではないよね。それらが共有されていると、そのグループのなかでなにかを言ったりやったりするときに自分の言動をいちいちチェックする必要がなくなる。泥酔することを微笑ましく見るグループと、人前で泥酔するなんてもってのほかと考えるグループとでは、酔っ払いにとっての居心地のよさはずいぶん違う。

たいていの「絶対に許せないこと」は社会でも共有されている。暴力、窃盗、殺人などは世界中どこにいっても許されないことだ。ところがたんなる「許せないこと」や「嫌いなこと」だと、人によってかなり違いが出てくる。「人の話を聞かない人は許せない」とか、「派手なことが嫌い」といった具合に。これが価値観というものではないかと思う。

アマゾンのジャングルに住む、ピダハンという特殊な言語を扱う民族について書かれた本を読んだが、彼らの社会における一番の制裁は仲間はずれだそうだ。民族内に漂う規範（法律がないので、なんとなくの空気）に著しく反することをした人には、みんなで食事をする際に食べ物が回ってこなくなる。そしてじきに村を離れることになるのだけれど、大概は一人では生きていけず、早めに寿命を終える。これに似たようなことを恐れる感覚がわれわれにもあるように思う。

自分が属している共同体内で嫌われることは何かを確認するのに、一番手っ取り早い方法は、例を見ることだろう。誰かが社会的に嫌われていたり叩かれている姿を見て、人はどういうことをやったら共同体から排除されるかを学ぶ。

圧力がかかった状態では、子どもたちは「いわゆる正しいこと」を言う。小学校のころ、道徳の授業で「戦争はよくないことです」と答えが決まっている作文をクラスの人間全員で書いた。うなずいている先生を見て、答えが合っていたんだ、とほっとした。ああいった答え合わせを繰り返して、共同体の（表面上の）価値観は形成されていくのだと思う。

それにうまくはまれないような人間は、人生のどこかではみ出てしまうか、取り繕いながら生きていく感覚になるか、うっかりはみ出て排除されてしまうことになる。

Ⅴ キャリアの問題

知名度で就職先を選んでしまったことを後悔しています

今年から社会人一年生となり、A社で働いています。けれども内定を辞退してしまったB社のことが忘れられず、後悔しています。B社は業務内容が面白そうで、しかも事業内容職種別採用だったので確実にやりたい仕事ができたと思います。おまけに家から近く、残業も少ないという好条件でしたが、知名度と会社の規模でA社を選んでしまいました。なぜあのとき自分の本当の気持ちに従わなかったのかといまだに考えてしまいます。どうすれば過去を忘れて前向きになれるでしょうか。

（男性　技術職　23歳）

選ばなかったことに対する後悔というのはありますよね。それをこじらせると僕が「もったいない病」と呼んでいる状態になります。「逃した魚は大きい」と言いますが、「あのと

きあっちのほうを選んでおけばよかった、もったいないことをした」という心理状態です。この病気の症状は「選ばなかったほうを惜しんで、いつまでも思い続ける」ことです。誰でも大きな決断をするときは迷いがあるものですが、その迷いを吹っ切るには自分の選んだ道が正しかったんだと納得できるように努力していくしかありません。

もったいない病は人を不幸に陥れることもある怖い病気です。「選ばなかったほう」をいつまでも思い続けていると、現状に満足できないばかりか、その後の決断にも自信が持てなくなります。何かを選ぶときに、選ばなかったほうへの後悔が頭に浮かんでしまって選べなくなるのです。その状態では、たとえ傍から見てどれほど恵まれた状況になっても幸せを感じられなくなります。

結婚も大きな決断の一つですが、いつまでも「○○さんと結婚していたら……」と悔やみ続けている人は幸せな結婚生活を送ることはできないでしょう。

「選ばなかった未来」はすでに選択肢ではなく、妄想でしかありません。その妄想にいつまでも固執するのは目の前にある現実から逃避しているのと同じです。B社での人生をシミュレーションし続けていると、いつのまにかA社に就職したことから得られる幸せすら感じられなくなるでしょう（すでにそういう状態なのかもしれません）。

まずは今、A社でできることをめいっぱい頑張ってみてください。あなたがB社を選ばなかったことは失敗ではなく、現実です。もう一つの現実は、あなたは今A社の社員だということです。そこで与えられた仕事に全力を尽くしましょう。それで初めて見えてくることもあります。A社の魅力やよさを紙に書き出してみるのもよいかもしれません。B社への思いがつのるあまり、A社の本来のよさに気づけないでいる可能性もありますから。

スポーツ心理学では「自分でコントロールできないことを考え続けることは、無駄でしかない」と考えます。自分でコントロールできることすら疎かになると確実に結果が出なくなります。

この相談への回答を考えながら、僕がつくづく感じたのは、「可能性があることの不幸」です。可能性があるから人は迷い、苦しみます。「可能性の海」に放り出された瞬間に、自分なりの行動の指針や基準がよほど明確でないと溺れてしまう。

ロンドンで活躍した元金融マンの水野弘道さんという人がいます。現在、年金積立金管理運用独立行政法人（GPIF）の最高投資責任者なのですが、彼からこんな話を聞いたことがあります。金融の世界では、想定外のことが起きた場合、「あのときの情報ではこれがベストの選択だった」とよく言うそうです。つまり、リアルタイムの情報に基づいて選んだことについてあとからあれこれ言っても仕方ないということです。そのときにはなかった情報や条件の下で決断の良し悪しを評価するのは「後出しジャンケン」でしかありません。**後悔というのは自分に対する後出しジャンケンです。**

この方は今悩んでおられますが、頭の柔らかな若いうちに、すごくいい学習をしたと思います。「自分の本心に従わないと、後悔するんだ」という学びは、あとから振り返れば、きっと人生の財産になるはずです。

知ることのリスク

知らないと損をすることが多いから、とにかく事前にたくさん調べてより適切な選択をするように——会社を始めるとこういうアドバイスを受けることが多い。なるほどそうだなと思って、まずは調べるようにしている。市場規模はどのくらいか。ライバルはいるのか。今後成長するのか……など。

以前、ノーベル賞を取った名古屋大学の天野治教授と対談した。青色LEDはすごいと感じて、これだ！と研究を始めてみたら、実は青色LEDの研究に既にたくさんの先人が失敗していたことに気づいたそうだ。もし知っていたらその研究をしていましたか？と聞いたら、知っていたらたぶんやっていなかったと思います、とちょっとはにかんだ笑顔で答えてくださった。

僕が競技を始めたのは、子どものころからものすごく足が速かったことと、近所に陸上クラブがあったから、という単純な理由だった。大会をどんどん勝ち上がり、舞台は日本から世界へ広がっていった。一八歳で出たシドニーの世界ジュニアが初めての世界大会で、そこでアメリカの黒人選手を見た。彼らのまったく別次元の走りを見て、正直なところ「無理だ」と思った。唯一無理じゃなさそうかなと思った競技が四〇〇メートルハードル（四〇〇H）だったから、これしかないとすがるような気持ちで四〇〇Hを選んだ。

事前に周到に情報を集めると、どの世界にもすごい人がたくさんいて、どれをやってもうまくいかない気分になる。世の中はライバルだらけで、難しいことをいとも簡単に成し遂げる先輩たちがいて、市場は厳しいと感じる。冷静に考えると自分ごときが偉業を達成できるなんてありえないことだと思ってしまう。

知ることによってさまざまなリスクを排除できるけれど、それは根拠のない勇気を奪ってしまうこともある。知らなかったからこそ始めることができて、始めてしまったら一生懸命やるしかなくて、そしてそのうちにものになっていくということもあるのではないだろうか。私たちはそうやって手に入るものを、始める前から想像することはできない。

現状から考える未来と、未来から考える現状は少し違っていて、どちらを選ぶかはその人次第だと思う。ただ一つだけ言えるのは、あなたはあなた自身の本当の能力をまだ知らないということだ。

憧れの仕事があるが、行動を起こせぬまま一〇年たってしまった

三十代のとき、興味のある仕事に就きたくて、通信制の大学に入りました。しかし、自宅課題は進まず、ズルズルと一〇年たってしまいました。家族がいるので、転職のリスクを背負うよりも、今の仕事でがまんしている状態です。いろいろと考えてはみるのですが、気持ちはあるのに行動がいつも伴いません。こんな人間が行動を起こすにはどんなきっかけをつくればよいでしょうか？

（男性　製造業　42歳）

相談者の方が二十代か三十代だったら、やりたい仕事にとりあえず飛び込んでみたら、と言うところですが、四二歳でご家族もいらっしゃるわけですね。だったら**とりあえず小分けにしてチャレンジしてみてはいかがでしょうか**。すべてを投げ打ってチャレンジするのではなくて。僕はこの小分けチャレンジはけっこう実践的だと思っています。

たとえばグローバル人材と言ったときに、今、バリバリにグローバルに働いている人を連れてきて見せて、「さあ、あなたもこんなふうに」と言われてもなんとなくひいてしま

いますよね。むしろその人が初めて海外に行ったときにうろたえている様子とかモジモジして全然しゃべれないような映像を見せたほうがいい気がします。最初の一歩がいかにグローバルじゃなかったかというところが大事なんです。「あんなふうになりたい」と思って行動を起こす人よりも、「あんなもんでいいんだったら」って行動を起こす人のほうが絶対多いと思うのです。

そういう意味で僕は小分けチャレンジをおすすめします。四十代になってドカーンと逆転ホームランとかいうのではなくて、これまでやってこなかったことを少しずつ始めてみるといったほうが現実的です。とにかく始めることが大事です。通信制の大学も卒業することができなかったのであれば、もっとハードルを下げてみる。

「気持ちはあるのに実行に移せない」一つの理由として、「いい年をして、家族もいるのに何やりたいことを仕事にとか言っちゃってるんだろう」という気持ちもあるのかもしれません。反省や自己批判というのはブレーキになるものです。そうだとしたら、そこを気持ち的に乗り越えることができれば目標を達成するための手段というものがおのずと見えてくると思います。

ちょっと気になったのは「行動がいつも伴いません」という言葉です。アメリカで聞いた話ですが、夫婦を含めたカップルを三〇年ぐらいずっと追跡調査した結果、口癖に「いつも」が入っているカップルは別れる率が高いということがわかったそうです。「いつも」と言うのは、自分も相手も変わらない、変えられないということが前提になっています。本当は「いつも」じゃなくても、そういうふうに決めつけることで身動きがとれなくなるわけです。

そういう意味で、この方は悪い意味での「自分らしさ」に固まりすぎてしまっているようにも思います。振り返ったときに自分を責める材料だけを拾い集めて記憶に入れていると「いつも〇〇できない」という自己イメージがどんどん強くなってしまう。いったんその作業をやめて、本当に「いつも」なのかどうか考えてみてください。

短期間でもいいから自分が今いるところからいったん出てみると、そういう作業はやりやすくなります。僕は現役時代の終わり際にアメリカに行って、気づいたことがありました。陸上選手はスポーツ界ではアマチュアだと上のほう、プロの世界に入ると下のほう、という微妙なポジションなんです。そのスポーツ自体の市場の大きさとかプロ選手の収入レベルでなんとなく序列があるんですね。どうもそれに納得がいっていないところが自分のなかにありました。でもアメリカに行って、そういうものが自分のなかで一回シャッフルされてどうでもよくなった。「自分は陸上が好きでやっている」ということを改めて確認できたんです。自分がやっていることの社会的評価やそれによって得られる収入ではなくて、自分にとっての意味が明確になりました。自分自身の指標が持てたということです。

自分は今このあたりにいて、ここから変われないと思っていても、ちょっと別のところから見ると全然違うものが見えたりして、それがわかると楽になることもあると思います。

相談者の方には憧れの仕事があって、一〇年も今の仕事をやりながら「別のところに行きたいな」と思っておられるということですが、たぶん一〇年のあいだに今やってる仕事のなかでも何かいいことがあったはずです。今の仕事で大きな成果を出すと、考え方はがらっと変わるかもしれません。「そうだ、自分はこれをやるために今まで頑張ってきたんだ」と思える可能性だってある。

一度、今の仕事を一生懸命やってみるというのも手です。**今の仕事のなかで「小さく」勝つことを積み重ねてみる。**何かで「ああ、おれは勝てる側の人間なんだ」と思えれば自信になるんじゃないでしょうか。

ということで、小分けチャレンジ、やってみてください。

実験と無責任

僕はすぐに実験をしてみたくなるタイプで、競技でもいろんなことを試してはやめての繰り返しで、仕事でもそういう癖がある。すぐやってみたくなり、しばらくすると違ったなと思ってやめたくなる。こういう性分なので周囲にはずいぶん迷惑をかけてきた。申し訳ないとは思っているけれども、ほどよく無責任にものごとを始めることにはプラスの面もある。

世の中には議論に比べて実験が少ないように思う。大きな会社ではものごとを始める際にいろんな人を納得させる必要があって、そのプロセスじたいに時間的にも人的にもコストがかかるし、「とりあえずやってみる」にしてもコストがかかるので、ある程度この実験はうまくいくという確信が共有されるまで人が動かないように見える。

仕事にしても人生にしても始める前にちゃんと計画を立てるやり方のほうがよしとされて、無計画や行き当たりばったりというのはたいてい悪いこととされている。ところが計画的な実験は、もはや実験ではない。思いついた仮説が正しいかどうかまず「やってみて確かめよう」というのが実験の実験たるゆえんである。僕みたいなタイプはひたすらに小出しの実験を繰り返し、傷だらけになりながら経験を貯めていき、経験則でものごとを判断していく。最初から十分な情報があって、かつ精度の高い判断ができるというときは、緻密に計画して実行に移せばいい。でもそれが難しい場合は、効率は悪いかもしれないけれど、小出しの実験を重ねて微調整しながらものごとを進めていくほうが結果として成功率が高くなるように思う。

ほとんどの実験は失敗する。人生で実験を繰り返してきた人は、そのことを体感的によく知っているから、最初から失敗したら逃げるつもりで実験している。転んできた人はやはり、転び方がうまい。ちょこまか致命傷にならないように実験を繰り返し、少しずつ修正をしながら目指す方向に進んでいく。このスタイルでものごとを進めるにあたって大事なのは、ある種の軽快さ、言葉を変えるとほどよい無責任さではないかと僕は思っている。

過去の栄光が忘れられず、キャリアに行き詰まっています

契約が残り半年で、再就職の決まらない特任准教授です。ノーベル賞受賞者を一〇人以上輩出している世界のK大学の教職なのですが、世界的なポジション不足の煽りを受けております。前職は世界の自動車メーカーT社で僅か一年ですが、八〇パーセントの能力でも仕事を十分にこなせた自負があります。四年前くらいは、一緒に仕事をしようと声をかけてくれる人はたくさんいたのに、今では誰も寄り付きません。先般、所属する研究室の教授から地方大学の特任助教を打診されましたが、むげに断ったことが悔やまれます。ここ一年半の再就職活動では二〇連敗です。論文数は一〇本にも届かないので、わがままを言えないことは理解していますが、これまで栄光の道を歩んできたのでプライドを曲げることができません。どうしたらよいでしょうか。

（男性　大学特任准教授　39歳）

僕は学者のキャリアパスについて詳しくないのですが、これは、有名企業から有名大学に転職した研究者の人がさらに上を目指せるかと思ったら、なかなかポストがなくて当て

が外れたという話なのでしょうか。不思議なのはこのストーリーのなかでプライドの話が出てくることです。僕から見ると、プライドの問題というよりはただの意思決定のタイミングの失敗のように見えます。

シチュエーションはまったく違うのですが、なんとなく「昔モテていた人」を想像してしまいました。ふわふわと漂いながらいろんな人と付き合っているうちに、いつしか周りに誰もいなくなっていたというようなパターンです。同じモテる人でも何かのきっかけでふわふわした生活に終止符を打って結婚するパターンもあります。違いはどこかの時点で「相手が求める自分のバリューとは何か」に気づくかどうか、だと思います。

この相談者の方は三九歳ですが、雇う側にとっては「さすがに三九歳の人にこんな仕事はさせられない」といったところもあるのでしょう。「四年前くらいは、声をかけてくれる人はたくさんいた」ということですが、三五歳くらいまでならポテンシャルベースで「あの人は伸びそうだ」とか「なかなか優秀だ」くらいで採ってもらえます。でもそれ以降は「どんなことをやってきたか」という実績がまず問われます。

転職活動が**思うようにいかないのは、今まで「自分が圧勝する試合」ばかりに出てきたということの裏返し**とも考えられます。「ノーベル賞受賞者を一〇人以上輩出する世界の

K大学」に所属し、「世界の自動車メーカーT社」で働いた経験があるとはいっても、そこで「勝てるか勝てないかわからないレベルの試合」に出て結果を出したのでなければ、それは自信にはつながりません。ただ、「世界の○○」という「プライド」だけが残ります。だから「地方大学の特任助教」のポジションをむげに断ってしまう。

プライドの問題は、これまでの人生をゼロリセットして「さあ、スタート」とやれば全部解決するのですが、これは言うほど簡単なことではありません。アスリートの世界だと、毎回実力が目に見えるかたちで出るので、そのたびにこれまでの実績も含めてゼロリセットになります。どんなに強い人でもその試合に負けたら負け。それを受け入れて次のレースでどうやったら勝てるかを考えます。

ちょっと乱暴なアドバイスかもしれませんが、これまでの自分だったらまず選ばなさそうな道にあえて飛び込んでみるというのはどうでしょうか。これまでの肩書、つまり自分のプライドのよりどころになっているものをゼロにしたうえでどれくらいできるか試してみる。ある種の充電期間です。

もしかしたらこの人は、「レースを降りちゃおしまいよ」と思っているのかもしれなくて、だから「こんなはずじゃなかった」と思いながらも人の誘いや紹介を素直に受け入れられないのかもしれません。それを「これまで栄光の道を歩んできたというプライドのせい」と自己分析されているわけですが、「栄光の道」というのは大げさだし、曖昧です。自分が思っている「栄光」とは一体何なのか、もう一度問い直してみてください。今の延長上で次の仕事を選ぼうとすると、同じような悩みが続きそうな気がします。

スランプのしのぎ方

スポーツの世界ではスランプというものがあって、これがなかなかに苦しい。数カ月程度の短期のものもあれば、数年に及ぶ長期のもの、スランプなのかどうかもよくわからないままにパフォーマンスが低下した状態で引退する選手もいる。

特に苦しいのは、一度は輝いた選手がスランプにはまるパターンだ。それまで簡単にできていたことができなくなる。意識しなくてもできたことを意識してしまってこんがらがる。一生懸命にやっていても、頑張っていないように思われる。

このどん底状態も苦しいが、さらにその先には世間から忘れられるんじゃないかという恐怖もある。

スランプのときは何をやってもうまくいかない。どこかでずっと抜けられたりするパターンもあるけれど、決まった方法があるかといったらない。スランプから抜けられたとしてもなぜ抜けられたのかわからないこともある。

スランプにはまって潰れてしまう選手とそうでない選手を乱暴に分けてみると、「あのときを忘れられるかどうか」に尽きると思う。スランプにはまったときの苦しさは過去との比較にある。「あのときの最高の動き」が忘れられないから、今の自分が苦しい。スランプではまり込む選手は、「あのとき」から先へ進めていない。

アスリートは諦めるなと言われ続けて育っているから、自分に対する期待値を下げることには抵抗があるけれど、短期で期待値を下げることは長期的には諦めないことにつながる。雲の上をずっと見ていたら頑張る気力が湧いてこないけれど、足元を見ていれば少なくともちょっとは前に進んでいるから勇気が湧いてくる。

よくなっていることをちゃんと自分に認識させてあげるためには今日にフォーカスしたほうがいい。「あのとき」と比べていいかどうかではなく、昨日より今日はよくなったかどうかを自分に話しかけてあげることだ。

メダルを取ってそのあとスランプにはまったときずっと悩んだ。そして、最後の最後はもう、メダルなんてなかったことにしようと決めた。メダリストからスタートするのではなくて、今ここの等身大の自分がすべてだと思うようにした。そうすると不思議と具体的に何をやるのかが頭に湧いてきた。もう一回ここから山に登ってみようという勇気が湧いてきた。

アカデミー賞を取る夢、諦めたほうがいいですか？

高校時代からアカデミー賞を取りたいという夢を持っていました。大学から映像作品をつくり始め、もっと映像の勉強をしたくて大学院を二度受けましたが落ちました。生活のために、映像とは関係ない会社に就職し、現在社会人二年目です。アカデミー賞の夢は完全に諦めたわけではないのですが、会社に入ってから映像作品をつくることもやめてしまいました。映像の世界に興味が無いのかもしれません。入社後、大病をしたこともあり（幸い回復しましたが）、思い残すことのない人生を送りたいと思っています。今からでも、いろいろ挑戦し、やりたいことを見つけるのがいいと思いますか？　それともかたちだけの夢に向かって、腹をくくって飛び込むのがいいと思いますか？

（男性　プログラマ　26歳）

そもそもなぜ自分はアカデミー賞を取りたいと思ったのか。そこを問い直すところからだと思います。世界中の人から賞賛されるからなのか。作品が評価されればより大きな仕事につながるからなのか。もっとシンプルに言うと、「褒められたいから」なのか「つくりたいから」のか。

すぐには答えが出ないようなら、まずはアカデミー賞というものを人生のどこで意識し始めたのかを思い出してみてください。もしかしたら、子どものとき近所のおじさんが「アカデミー賞っていうのは大したもんだ」というような話をしているのを聞いたとか、たまたまテレビで見た受賞式の華やかさにひかれたとか、何かのきっかけで自分の内側にある欲求とアカデミー賞というものが結びついて、夢の象徴として自分のなかに住み着いたのかもしれません。その欲求の正体は「褒められたい」だったのか「つくりたい」だったのか。

答えが「褒められたい」だった場合、現実問題として世界中の人から賞賛されるような仕事を成し遂げる人はそう多くはいません。でも、世界中とまではいわなくても、自分の周囲の人間に喜ばれるというレベルに目標を再設定すれば、それほど達成困難なことではないでしょう。

今悩んで身動きがとれなくなっているというのであれば、できることに意識を向けるということが大事だと思います。アカデミー賞は取れなくても、その賞を目指した気持ちの奥底にある欲求は、別の手段でも達成することは可能です。

僕は、**「ニンジンは適切な距離に置かれたときにもっとも効果を発揮する」**と考えています。多くの人にとって到底手の届かないところにある巨大なニンジンにばかり目を奪われていると、目の前の小さくても魅力的なニンジンに気がつかないこともあります。

欲求の正体が「つくりたい」だった場合は、期限を決めてその夢を追いかけるといいのではないでしょうか。たとえば三〇歳まではがむしゃらにやってみるとか。三〇歳であれば、何か新しいことを始めるのに決して遅すぎることはないと思います。

もしかしたら相談者の方の欲求は「褒められたい」でも「つくりたい」でもないのかもしれません。「かたちだけの夢」とご自身で言ってしまっているところからも、賞というゴールよりも、そこに至るまでの充実感のようなものに重きを置いているように感じます。

賞を取るぞ、という思いで突き進んでいたときの高揚感をもう一度味わいたい、ということであれば、学生時代に夢中になった映像の世界から少し目を転じて、「今」心から楽しいと思えることに時間をさいてみてはどうでしょうか。「かたちだけの夢」にはどうやったって腹をくくって飛び込むことはできませんから。

象徴型リーダーと実務型リーダー

以前、若気の至りで「将来スポーツ界のリーダーになりたい」という話をしたところ、とある人に「だったら余計な活動に手を出さずに、競技に関わることだけをやれ。傷がつくとリーダーになれないぞ」と言われた。そのときはよく意味がわからなかったが、この歳になると少しわかるようになってきた。

スポーツ界でリーダーになるとき、象徴型と実務型の二つのかたちがある。多くのスポーツ選手は前者のリーダー（意図してかどうかわからないが）として出発する。現役時代から社会にとっての象徴型リーダーとしての役割を担っている部分もある。

象徴型のリーダーは、一言で言えば存在が仕事だ。変に実務を行ったり、細かいことに口を出して、品位を落としてはならない。象徴としての自分を安売りしてもいけない。たくさん露出をして、人に飽きられてもいけないし、俗っぽいところを見せてれば存在感が揺らいでしまう。たまに現れてピシッと立っているぐらいが象徴としては迫力がある。

僕もある年齢までは象徴型になろうとしていた。ところがあるとき、象徴としては自分の競技実績は心もとないと気がついて、実務のほうに寄ろうとしたら、世の中から意外な反応があって驚いたことがある。象徴的存在が実務の世界に入ると、人はがっかりする。

実務（社会のほとんどの人はこちら側なのだが）は、妥協と矛盾の連続だ。きれいごとだけではすまない。あちらを立てればこちらが立たず、のあいだをうまく切り抜け、なんとか理想の三〇パーセントでもいいから着地させないといけない。人を傷つけることも多く、失敗も増え、俗っぽいこともやらないといけないし、意図しなくても敵が増えていく。敵が増えればイメージに傷がついていく。

一度実務の世界に入ってしまうと象徴に戻ることは難しい。しかも象徴的リーダーは何人も必要ない。象徴型リーダーが実務の世界に入るのも、これはこれでまた難しい。実務の世界は経験がものを言うから、あまり後から参入すると価値を出しにくい。象徴的リーダーとしてある年齢まで生きたなら、そこを極めていくしかない。つまりは全方位から見て納得感がある存在であり続けなくてはならないということだ。それはそれで大変だろうなと思う。

「安定が大事」ってどういう意味ですか？

私にはずっとやりたかったことがあります。その思いが強くなった今、会社を辞めようと思う、と周囲の人に打ち明けたのですが、「今はもどかしいかもしれないが安定した道を歩んだほうが後々後悔しない。夢を見るのもいいけど、そろそろ現実を見たほうがいい」と言われました。私にはこの言葉の意味が理解できません。今、この瞬間に後悔をしているとずっと後悔を抱えてしまう人生を送ると思います。安定ってそもそも何だと思いますか？　また、夢と現実って違うものなのでしょうか？　将来後悔しないってどういう意味なのでしょうか？

（女性　人事関係　25歳）

僕は一時期ガス会社の社員だったことがありますが、入社してすぐの同僚との飲み会のときに言われた一言を強烈に覚えています。

「よかったね。もう大丈夫だよ」

そう言われてちょっとほっとした自分もいたのですが、実際、それほど大丈夫でもなかったようです。ガス、電気、水道は公益事業、つまり人々の日常生活に直結した事業なので、安定した需要が見込め、各種規制によって守られていますが、少子化によって市場が大きく縮小しつつあり、制緩緩和も進んでいます。「大丈夫」と思っていた人たちにとっては想定外のことでしょう。今すごく安定しているように見えているものにはそういう怖さがあると思います。一九七〇年代ぐらいの日本であれば「安定していること」には価値がありました。結果論ですが、そのころに「安定」を手に入れた人たちは逃げ切ることができたんです。でも逃げ切れない時代の安定ほど怖いものはありません。それはもう「安定に見えている別の何か」ですよね。

間違いなく揺るがないものがあって、その上にちゃんと乗っかり続けていられるんだったら、それは幸せの一つだと思います。でもどうやらそんなものはあんまりなさそうです。頑張っていい大学を卒業した人たちが、大企業に入って「やった、先頭のほうを走っている大きな船に乗れた。このために俺たちはいろんなことを犠牲にして頑張ってきたんだ」と思う気持ちはわからなくもないです。でもその沈まないと思っていた船が揺らぐときがこないとも限りません。その揺らいだタイミングで船から放り出されたときに、その船に乗りたてでまだ泳ぎを忘れていない人たちはほかの船まで辿り着いて助かるかもしれないけど、一〇年以上も乗っていた人たちはもう泳げなくなっていて溺れ死んでしまうかもしれない。

逆説的ですが、**自分の今いる場所が「不安定である」と思っていることが、結果としては安定につながる**という面もあるんじゃないでしょうか。陸上競技のスタートのとき鳴らすピストルに使う「雷管」というものがあります。微量の火薬を詰めた金属管のことです。その箱に書いてあった「危険であることを認識しているうちは安全である」っていう言葉があるんです。僕はこれがけっこう気に入っていて、座右の銘のように思っているんですね。

一方で、不安定と思われていたものが一転して安定につながるケースもあります。僕の友だちにゾンカ語というブータンの言葉が話せる人がいるのですが、市場自体がほとんどない分野です。でも日本人でその言葉に通じた人があまりにも少ないので彼はこれからも必要とされ続けるでしょう。今、「英語くらいやっとかないと」という風潮が強いですが、彼はあえてゾンカ語を選んだ。「自分自身が誰かから求められる」ということを考えた場合、ほかの人にできないことができるというのはすごく重要なことだと思います。

最後に、この相談者の方はやりたいことが明確にあるということですが、そうであれば、絶対にやったほうがいいでしょう。やって後悔するほうがやらないで後悔するよりいいとよく言われますよね。やって失敗したときの後悔は、ある瞬間に「あれがあったから今がある」と思えたりするのですが、やらなかった後悔は、「あれをやっていればどうなっていただろう」という疑念がずーっと頭に残り続けます。その違いは大きいと思います。

自滅しがちな想像

本来想像力が豊かなことは人生にプラスになるが、想像力が豊かすぎて自滅しているパターンをよく見かける。

往々にして想像力が豊かすぎて自滅する人は、すべてに意味があると思っていて、そして世の中は悪意のほうが多いと思っている。たとえばクラスメイトが帰り際に自分の名前を出しながら友だちと笑って帰るところを遠くから見かける。自分の噂話をしていたのではないか、馬鹿にしていたのではないか、もしかしてあのときのあれがみんなからは馬鹿みたいに見えていたのではないか、と想像が膨らんでいく。

ただ名前が出ただけかもしれないし、いい話だったかもしれない。さらに言えば馬鹿にされていたとしても、その人は自分にとってさほど重要ではない人であれば、どうでもいい話だ。そういう発想に自滅型思考の人は向かわない。意味を考えてしまい、さらにそれが自分の頭のなかで加速し、酷いときはもうおしまいだというところまで自分を追い詰める。

スポーツの現場でも、自滅型の選手は、本番の試合を外すことが多い。よく緊張をどう克服したらいいですかという質問を受けるが、緊張はむしろ体をいい状態に持って行ってくれる役割も果たす。問題は、もしこうなったらどうしよう、失敗したら馬鹿にされないか、一生後悔するんじゃないか、と想像力が膨らみすぎることだ。ライバル選手のちょっとした仕草に目を奪われ、その意味を想像して、勝手に怯え、勝手に警戒する。相手と接触のない陸上においては、パフォーマンスの低下はすべて自滅からきている。勝手に自分で自分を追い込んで泥沼にはまり込んでしまう。

超ポジティブな選手もいて、そういう選手は何が起きてもいい面ばかりを見ることができる。それは素晴らしいし、できることならそうなりたいが、そのように生まれついた選手以外は、努力してポジティブになろうとしてもそれはそれで難しい。最悪なのは本当はネガティブなのにポジティブになろうとして、そうなれない自分を裁くようになることだ。

僕はネガティブではないが、超ポジティブでもなかったから、最終的に、能面になることに決めた。試合で起きる出来事はすべて違う世界の出来事で自分には関係ない。映画のなかに観客が一人紛れ込んだような気分で、淡々と試合を想定し、それを実行するという感覚だった。「今ここ」以外は一切遮断した。

ほとんどのことは自分にとっては関係ない。そういうつもりで生きていくくらいが自滅型の人にはちょうどいいのではないかと思う。

スランプの最中、みんなが自分を馬鹿にして笑っているような気分になってつらくなったことがあった。ある日、どうせなら自分も一緒になって自分を馬鹿にして笑ってみようと思った。そうしたらすっきりして淡々と日々を過ごせるようになった。自滅型の人はすべてに向き合いすぎているのかもしれない。

お金が十分にあっても働きますか？

働く理由について為末さんの考えを聞いてみたいです。一生困らないだけのお金があったとしても働きますか？

（男性　会社員　44歳）

僕は一生働かなくてもいいくらいのお金があったらやっぱり働かないと思います。でも結局今と同じような毎日になるんじゃないかな。それを仕事と呼ばなくなるだけで。食べるためにやるのではなく、別の理由でやる。その理由というのは……暇つぶしということになるでしょうね。

親から相続したにせよ、自分で成功したにせよ、お金がたくさんあって、世間一般のしがらみから完全に解放されるのは、自由である半面、さびしいことでもあるんじゃないでしょうか。人の幸せの要素のなかで、社会的な営みは大きな位置を占めると思います。**普通の人は社会的営みといえば働くことですよね。**今やっていることが自分にとっては苦役で、一日も早く辞めたいと思っている人が宝くじとかにあたった場合でも、すぐに南の島には行かないで、別のことをやると思います。ＩＰＯで資産家になった人もすぐ別の事業を始めたり、社会貢献に目覚めたりして、完全に引退する人はむしろ少ないですよね。社会のなかから完全に外れるのは怖いものだと思うんです。

僕は現役時代の終盤、「もう社会のなかに入って行けないいんじゃないか」と怖くなったことがあります。何をやって食べていくのかという心配より、陸上から離れたら自分がもう社会に戻っていけないことに対する恐怖のほうが大きかった。「自分はこれからも人に必要とされるのか？」という漠とした不安です。リタイアして年金生活に入る前の人にもそうした不安があると言いますが、まさにそれと同じです。現役の陸上選手、記録保持者、メダリスト、といったことで僕に会いに来てくれていた人たちが離れていってひとりぼっちになっちゃうかもしれない、という感覚があったんですよね。これから先、人は何を理由に僕と会うのだろうって。

いったん浮世離れしてしまうと、社会のなかに接点を見つけて戻ってくるコストがすごく高いんじゃないか。そんなふうにも思いました。だから何かしら社会から求められる何かを陸上以外の分野で磨いておくことの必要性は感じていました。きっと誰でも自分が属している社会とか業界といった枠組みのなかでは息苦しさも感じているけれど、本当にそこから外れて「自由にどうぞ」と言われても、ソーシャルメディアなどを使って何らかのかたちでそこにまた関わろうとしてしまう。人間にはそういうところがあるんじゃないでしょうか。

それとは別に、僕は働くことをゲームのように楽しんでいる側面もあります。自分で「こうなったら勝ち」というのを設定して、それに向けていろいろやってみてうまくいかなかったら、その理由を考えてもう一回やってみる。それを繰り返すのが面白いんです。普通の会社だったら売り上げや利益といった数字があって、達成するためにやるべきことを考えながら進めていきますよね。程度の違いはあっても、**基本的に働くことのなかにはそういうゲーム性があると思います。**仕事には食べていくためのお金を稼ぐという面と、より高いポイントを獲得しようと創意工夫するゲームだと思うと、働くこと自体が楽しくなる。

たとえば僕がラーメン屋をやったとしましょう。五店舗から一〇店舗くらいの規模のチェーンが経営できれば、自由になるお金とか大きな家とか高級車とか、想像していたものがひととおり手に入るでしょう。まだ上場もしてないので株主にあれこれ突っ込まれることもありません。でもきっと僕はそこでは満足できなくて、さらにチェーンを大きくするでしょう。そのときの動機は「労働から解放されたい」ということではなくて、ライバルに「勝ちたい」とか「さらに大きくなって注目されたい」とか「海外に進出したい」とか「ただおいしいものをつくりたい」とかで、生活のためにお金を稼ぐということとはまったく別の次元のものだと思うんです。

ゲームというのは目の前に問題をどんどん解決していくというプロセス自体がもう面白いわけで、たとえば社会貢献を「人を助けるゲーム」のようにとらえなおして、従来なかったやり方を試していくというアプローチもあると思います。そういう新しい価値を提供することで対価をもらうのは、仕事の報酬というよりゲームのポイントみたいなものですよね。

ということで、僕は一生困らないだけのお金があったとしても、社会につながっていて、自分が必要とされていると実感したいがために働き続けると思います。そしてそのときやる仕事というのは、お金が儲かることというより（それはもう必要ないわけですから）、やっていて心底楽しめるという基準で選ぶと思います。それもはや「仕事」とは別物なのかもしれませんが。

「働く」ということ――二〇一六年、新年のご挨拶

昨年（二〇一五年）の六月で、引退して三年たったということになりますが、少しマンネリ化してきたなと感じています。食うには困らない程度には（今のところ）仕事もあって、会社もそれなりには動かしてはいるのですが、小さいところに落ち着きそうになってるなという印象です。

年末ぐらいからこれじゃあいかんだろうという気になりまして、〝為末ビジネス〟（わが社では「為末」で稼ぐものをこう呼んでいます）の部門の活動を今年の四月以降から減らし、経営を頑張ることにしました。私が出ていって行う仕事は利益率が相当高いのですが、だからといってそれに頼っていると、自分が動いたぶんしか稼げず、稼ぐために自分が忙しくなり、会社の経営がおろそかになり、その結果、会社が為末ビジネスに依存するという、負のスパイラルにはまってしまいます。

それを今年から変えようとしているわけですが、〝為末〟で稼ぐものがうちの会社の売り上げの七割を占めていますので、これが減るとなるとかなり厳しいわ

けです。どうしよう、困ったなと思っていましたが、自分一人ではどうにもならないので、「みんな厳しくなるよ、なんとかしてね」と社員にお願いすることにしました。

アスリートのマネジメントというのは、現役時代は試合に出てそれなりにニュースがあっていいのですが、引退したあとはなんとかして自分の知名度を保たなければならないために、PR的手法を用いることが多くなります。わかりやすく言うと、実際に何かをつくり上げるというよりも、つくっていそうに見えるという方を選びがちになります。前者は時間がかかって面倒くさいのに対し、後者は比較的結果が早く出てしかも手離れがいいのでついついそれを選びがちになります。

一方で、そういった手法を繰り返していると、その場その場の世間の流れに乗る癖がついてしまい、コツコツ自分で積み重ねるということが減り、自分自身の実力が上がっていきません。どうもそうなりつつあるなと自分で感じ、戒めのために今年から方向を見直すことにしました。地道な練習はやはり力になります。

今年の目標は、経営者というよりも、社会で生きている一人としてしっかり稼ぐ力を身につけるということです。稼ぐためには、価値を提供しなければいけないわけで、それを社員一同頑張っていきたいと思っています。

また、現在幾つかの会社に関わらせていただいています。私に期待されているのは独自の視点と、身体に関する知見だと思っていますから、こちらでも価値を提供していきたいと思います。

私個人としてはようやく引退後の世界が今年から始まるという気持ちでおります。第二の人生を一人ではなく社員と共にチャレンジできるのをうれしく思っております。

二〇一六年一月一日

第2部

意味を求めない生き方

特別対談

みうらじゅん×為末大

「ハードルの高さ」に意味はない

みうら 為末さんにお聞きしたいんですが、アスリートってどこまでを言うんですか？

為末 アスリートってどういうイメージですか？

みうら いや、体を動かす人ってことでいえば寺参りも入るんじゃないかって（笑）。

為末 「競う」という要素が入ったらそうかもしれませんね。

みうら 競うねぇー。寺参りだと差し詰め朱印集めを競うぐらいになっちゃいますねぇ。なるほど体を動かし競うってなると……今やAVにも「アスリート」っていうコーナーがあるんですよ。それまでのAVって「ノーマルか変態か」の二大ジャンルだったと思うんですけど、それがどんどん細分化されていて、一〇年くらい前から「アスリート」というジャンルもできて、それまでは「レオタードもの」ぐらいしかなかったんですけどね。

為末 新しいジャンルができたわけだ。

みうら AVでのアスリートはあくまでコスプレなんですけどね。それにまつわるファッションがあって初めてジャンルというものはできるから。

為末　僕は三年前に引退して、今はいろんな仕事をしているんですけど、もともとは陸上競技をやっていました。陸上はいろんなスポーツのなかで「おたく」度合いがいちばん高いスポーツかもしれない。

みうら　ほうほう。

為末　組織でうまくやっていけないタイプというか。現役引退後に研究者になる人も多いんです。

みうら　基本、個人競技ですもんね。

為末　そうですね。だからみうらさんの著書を拝読してすごく共感するところがありました。

みうら　僕も明らかに団体じゃないんで。

為末　そもそも何かスポーツはされていたんですか？

みうら　小学校まで遡らないといけないんですけど、そのころはまだけっこう陽気な感じだったんですよ。でも住職を目指して仏教中学に入ったあたりから、アスリートから遠ざかってしまいましたね。いわゆる「陽気な引きこもり」になってしまって（笑）。ひとりっ子だったので、とりあえず友だちが家に来たときに、できるだけ長く帰らないでいてもらうためにどうするかばかりを考えていたんです。

為末　仏像のスクラップブックを見せたりして（笑）。

みうら　結局、やっている仕事が「接待」中心で。僕って「おたく」みたいなイメージがあるんですけど、それは単に接待するため、人に見せるためにあるものなんですね。「自分だけの楽しみ」が純粋な趣味だとしたら、すごく不純な動機で始まった趣味ですよ。とりあえず個人競技をやりながら、つねに誰かを引き込もうと勧誘しているんだけど、結局誰も入ってこなかった、みたいな状態がずっと今まで続いていて（笑）。

為末　みうらさんのやってることって、マニアの世界に光を当てるようなことですよね。それってどことなく僕の場合と似ているような気がします。ハードルもマイナー競技だったと思うんですが、日本人である僕が勝つということで世間の関心が向くというところがあったんです。

みうら　ハードル競技って、脛、うちますもんね（笑）。

為末　そうそう。みんなじゃないですけどね。

みうら　小学校の運動会で障害物競走をするとき、「これは将来、人生というハードルを乗り越えていかなきゃならないという意味なのかな、嫌だな」ってずっと思っていたんです。ただ単にまっすぐ走ればいいものを何故？って。あのハードルの高さにも何か深い意味とかあるんですか？

為末　一説には「羊飼いの柵の高さ」と言われているんですけど……あまり意味はないでしょうね。

みうら　意味はないと（笑）。

為末　ええ。でも僕らにとってはハードルってありがたいところもあるんです。陸上競技は結局、黒人の選手とどう戦うかなんです。彼らがのびのびと走るとほとんど勝てないので、ハードルがあることがむしろいいんですよ。

みうら　そこにハードルがあれば、バケモノみたいに速いやつが引っ掛かるかもしれないという。

為末　そうですね。なんとかなるんじゃないかって。

みうら　ということは、バケモノ防止のためのハードル？

為末　そういうことになりますかね。

敗北と気づきはセットである

みうら　為末さんは初めからハードルを目指してたんですか？

為末　最初は短距離ですね。

みうら　しょっぱなからハードルを目指す人っていないですよね。

為末　そうですね（笑）。だいたいみんな一〇〇メートルからスタートしていって、そこから分岐していきますね。

みうら　走っているうちに、「僕はハードルが得意だ」ということに気がつくということですか？

為末　その気づきは敗北とセットなんですよ。一〇〇メートルの世界ってたくさん才能のある選手がいて、集約されていくうちにもう絶対勝てないなと思うようなやつが出てくるので、「ちょっと厳しいな」と思ったときに転向することが多いですね。

みうら　背の高い人や脚の長い人がいますけど、それによって差は当然出るんでしょ？

為末　やはり大きいほうが有利だと思います。ハードルの高さは九〇センチでメダリストの平均身長は一八七センチです。僕は一七〇センチなんですけど。

みうら　たぶん一般の人って体育の授業くらいでしかハードルをやってないから、もっと低いものだと思ってますよね。本当はそんなに高いんですか。

為末　高いです（笑）。だから身長が高いほうが有利だと思ってたんですけど、長いと小回りが利かないのか、脚が長い選手は最後に引っ掛ける感じがあったんですよ。こっちは脚が短いので、そのぶん上手にやれていた気はしますね。

「飽きていないふり」をする

みうら　アスリートって、どうしてそこまでして戦うんですか？

為末　最終的には自分の好奇心ですよね。この身体がどのくらい速く動けるのかどうかを見てみたいっていうのはありますかね。

みうら　僕も好奇心でやっていることは多いんですけど、飽きるじゃないですか。普通の人が一つのことをやり続けるとしても、長くて三年だと思うんですよ。やり続けるためにはどこかで「飽きていないふり」をしなきゃならない時期がある。たぶん為末さんにもありますよね？

為末　僕がやってた陸上競技の場合、普通にやっていると淡々としたことの繰り返しなので、角度を変えたり、自分から揺さぶりにいったりしてましたね、飽きてくると。

みうら　わざと自分を困らせる、みたいな。

為末　そうですね。たとえばどんな状況下でもハードルに脚を合わせられるようにするための練習があるんですが、自分でハードルをセットすると頭でシミュレーションして跳べるようになってしまうんですね。それで、離れたところでウォーミングアップしているあいだに後輩にセットしてもらう。するととっさにどちらの脚で跳ぶかわからなくなるんですよ。

みうら　飽きないための工夫ですよね。

為末　あと、ある程度やっていくとタイムがほとんど変わらなくなっちゃうというのもあるんですよ。僕は一一年くらい同じタイムだったんですけど、そこだけ見てると超退屈なんです。何も変わってないので。だからつねに新しい何かを取り入れて飽きさせないようにしてましたね。

みうら　僕のやっていることも同じです。どんなことにも確実に飽きます。いかに「飽きないふりをするか」かが僕の仕事なんですよね。「また」だと飽きられてしまうので、「まだ」と濁点がつくところまでやる訓練をね。「またやってる」を通り越して「まだやってる」って言われることが最終的にプロの称号ですね。

為末　ふりをする、ってことですよね。

みうら　「自分を騙す」みたいなことですね。人を説得するには自分をまず説得する必要があるわけじゃないですか。「自分のやっていることはこんなに面白いんだ」っていうことを伝えるためには、自分自身が完璧に洗脳されてないといけないんです。

為末　自分が嫌になっていてもね。

みうら　むしろ「嫌だな」というところからですね。東京タワーのペイントされた掛け軸とか、ヘン顔のひょうたんの人形とか、なぜそんな写真をと思うような絵葉書とか、もらっても全然うれしくない土産物って全国各地にありますよね。実は僕は「どノーマル＝どN」な人間なので、そういうサムいものに人一倍敏感なんです。サムすぎて逆にすごい存在感のものにクラッとくるんです。うわあ、こんなのもらったら嫌だなあって。それを「いやげ物」と名付けて買い集めていたんですが、最初は二〇〇〇円出すのも嫌だったんですよ。それがだんだん平気になってきて、万を超えないとショックを受けなくなってきた。

為末　そこでハードルを上げるわけですね。

みうら　そのハードルを（笑）。もう、これだと思ったものは見た瞬間に掴んで何も考えずにレジに運ぶという訓練をずっとしてきました。値札も見ずに木彫りの不細工なヴィーナスをレジに持っていったら「四万五〇〇〇円です」とか言われてね（笑）。すごいショックなんですけど、ハードルが一段上がると「跳んだ」感じがするんですね。

為末　「乗り越えたんだ」と。

みうら　そう。今為末さんの横に座っている（ラブドールの）「絵梨花さん」もね、七〇万もするんですけど、そういう無駄なものに対して七〇万円も払っている自分に対してすごいグッと来るんですよね（笑）。

本当に好きかどうかなんてどうでもいい

為末　多くのスポーツ選手はインタビューとかで聞かれると「スポーツに出合えてよかった」「この競技が好きです」みたいな話をするんですけど、ほとんどのトップクラスの選手って競技開始年齢が三、四歳とかなんです。浅田真央ちゃん、内村航平君もそのぐらいだし、吉田沙保里さんもそうですね。僕自身はちょっと遅くて八歳からですけど。つまり、もともとそのスポーツが好きだったかどうかなんてわからないんです。

みうら　それは、好きじゃないですよね。親に無理矢理やらされて始めた、みたいな。

為末　でも一〇年、二〇年とやっていくと、「これしかない」感が出てくる。トップの場合はやはり実際に才能があることが多いですし、ほかと比べて「これが本当に好きだったかどうかはよくわからないけど、まあこれしかないよね」みたいな微妙な感情が混ざりあったような感覚になるんです。

みうら　「つぶしが利かない」ってことですよね。

為末　ええ。だから「この競技が好きだからやっている」というのは、案外怪しいものだなと思うんです。

みうら　それは僕もまったく一緒です（笑）。本当に好きだったかどうかなんてもはやどうでもいい。ずっとそこに縛られて「好きだ」と思い込んできただけです。思い込むために努力してきたんですよ。でも、だいたいのことは熱く語れば語るほど引かれるのに、スポーツだけは唯一「好きなんです」って言っても許されるじゃないですか。

為末　そうですね。許されている。

みうら　ちょっとズルいな、と思うんですよね（笑）。そこには正義的なものもあるじゃないですか。

為末　「スポーツは全肯定」みたいな。

みうら　僕みたいに「くだらないものを買う」とかになると、もう「全否定」だから。でもそれを極めて突き詰めていくと、「好きだったかどうかがわからなくなることが好き」という、「空《くう》」の状態に至るんです。そうなるといちばん調子いいですね。やっていることの真髄がよくわかるような気がするんですよ。「自分の意見」があるうちはウザいですよね。

為末　「好き」って言っている時点で、ちょっと悦に入っている感じがありますよね。

みうら　それだと「趣味」なんです。もちろん最初のきっかけは「好き」かもしれないけど、好きなだけでは続けられない。「好き」と「嫌い」は表裏一体で、好きだったものを急に捨てたくなるときってあるじゃないですか。そこを好きだと思い込み続けるというのは一種の修行なんですよ。

為末　趣味から「ない仕事」への道筋ってあるんですか。

みうら　自分の気になっているものと何かが結びついて、違う結果が出ることが自分の

「ない仕事」になってるんです。「初めから概念があるもの」「既にジャンルがあるもの」には興味がないから。陸上でいったら、「ハードルを五メートル高くして新しい競技をつくる」とか、何かと合体して化学変化が起こって、「そんな陸上競技ねえよ！」みたいなところまでもっていくっていうのが僕のやってきたことなんじゃないかなと思います。

レッツゴー不自然！

為末　「何かに熱中する」っていうのは、一般的にはなかなか難しいのかもしれないですね。

みうら　「熱中している人」ってやっぱ不自然な人だと思うんですよ。ちょっと好きになって飽きるほうが自然ですもんね。今はみんな「自然体」が好きじゃないですか。不自然なことを極度に嫌うでしょう。七〇年代まではたくさんいたんだけど、僕が憧れていたのは「レッツゴー不自然」みたいな変な人。暗いのにサングラスかけているような……。僕もそうやって不自然なことを自分に「課してる」んですね。でも為末さんこそ、ずっと走り続けるなんてどう考えても不自然ですよね。

為末　そうですね。走ることって身体にいいとも限らなくて、実際、体脂肪率5パーセントを切ってくると、疲れて風邪をひきやすくなったりするんです（笑）。虚弱体質ですよ。そこまでしてなんで走るのかと。そのときは没頭してて、「これしかない」という感じだったんでしょう。でも没頭することを知っている人ほど、ふっと冷めるときの「冷め感」って半端じゃないですよ。その「冷め感」との戦いをどうするかということとハードルを越えていくことってなんとなく近い気がするんです。

みうら　ハードルは「絶対飽きないこと」ですよね。

為末　でも、どんなに熱中なり没頭なりしていても、ふと「バカらしくなる瞬間」があるじゃないですか。

みうら　ありますね。「何してんだろう」っていうのが（笑）。

為末　そのときの自分とどう戦うか。

みうら　そこですよね。僕は「そこがいいんじゃない」という呪文を考えたんです。するとマイナスがプラスになるんですよ。現状よりも「二倍いい」くらいの状態に瞬時に到達できる呪文。そこ「が」いいわけだから。

為末　その言葉にはどうやって辿り着いたんですか。

みうら　ローリングストーンズの“IT'S ONLY ROCK'N ROLL（But I Like It）”という曲

があって、「たかがロックンロールじゃないか。(だけど好きだよ)」って話なんですよ。「たかが」とマイナスにふっておいて「だからこそ好きなんだ!」と一気にプラスにもってくる。だいたいストーンズのメンバーって何千回も何万回もSatisfactionをやってるわけですよ。もう十分満足していいかげん飽きているはずなのに"I can't get no satisfaction"なんて歌ってるんですよ。

為末　そこがいいんだ、と。

みうら　そう。当然飽きているはずだけど、「飽きてない!」って言い張る呪文ですよね。そこには"but I like it"の思想があるんですよ。昔はロックンローラーなんて過剰にやりすぎて三〇歳くらいまでに死んでたでしょう。「セックス、ドラッグ、ロックンロール」とか言って。その過剰にやるtoo much感が面白いと教えてくれたのが、僕にとってはロックだったんです。

スポーツは案外「ギリギリなこと」をやっている

為末　アスリートってあんまりふざけちゃいけない雰囲気があるんですよ。

みうら　一応ダメなことになってますよね（笑）。でも、アスリートも普通に考えたら確実に変態ってことやってますよね。スポーツだと思って見るからみんな麻痺しているけど、プールでこう脚を上げる人とか……。

為末　シンクロナイズドスイミングですね。

みうら　プールから『犬神家の一族』みたいに女子選手が水面に足を突き出して開脚するなんて、普通に考えたらおかしぃですよ！。でも誰もがその疑問を一回打ち消して観ているんですよね。スポーツという名のもとでやっている神聖なことだから。スポーツにはギリギリのタブーがあるから、そこはないことになっている。

為末　そうですね。スポーツはタブー感が強いですよね。

みうら　マラソンだってあそこまで服を着ないんだったらもう素っ裸でもいいじゃんって思いますけど（笑）。

為末　走れメロスみたいに（笑）。

みうら　でもさすがに素っ裸だと捕まりますもんね。みんな笑わないけどスポーツって、よく考えるとギリギリなことをやってるような気がするんですよね。

為末　そう考えるといちばん不自然なスポーツってなんですかね。

みうら　あん馬、ですかね（笑）。あれってもう意味がわからなくて。あれは馬に模して背の部分に鞍をつけたっていうことなんですかねえ。

為末　そういうことなんでしょうね、きっと。

みうら　だったらもう馬でいいじゃないですか。代々木の五輪橋にもあん馬のモチーフがありますよね？　まだ誰も気づいてないふうですけど。自宅にあん馬を持っている人も見たこともないし、「俺、あん馬やってるんだ」っていうやつなんて周りに一人もいませんから。どうやってあん馬を目指すのか、疑問でしょうがなかったですよ。

為末　体操から入るんでしょうね。

みうら　床や吊り輪から入って、そのうちコーチが「君、あん馬やらないか」って誘う日が来るんですかね。

為末　ハードルも多いですよ。「君、ハードルやらないか」って。

みうら　タイミングがあるんですか。

為末　タイミングもありますね。そう言われて移るケースは多いです。おそらくあん馬にも向き不向きっていうのがあるんでしょうね。どういう人があん馬向きなのかはよくわからないけど。

みうら　カーリングやカバディに比べてあん馬は地味でそのおかしさが気づかれにくいですけどね。でも、いろんな競技がオリンピックからなくなるかどうかで揉めているなかで生き残ってるんですよ。そこがスゴイ。

為末　あん馬は生き残ると思いますよ。

みうら　なぜあん馬だけは生き残るんですか。

為末　スポーツのなかでもなんとなく聖域みたいなものがあって、体操、陸上、水泳……そのへんは生き残るでしょうね。

「オリンピッ会」をやろう

為末　あと、僕が言うと怒られるけど（笑）、陸上競技でいえば競歩は……。

みうら　変ですね（笑）。

為末　なんで歩くようになっちゃったかな、っていう。

みうら　あれは走るのも速かった人が、「君は歩いても速いんじゃないか」って勧められる競技なんですか？

為末　競歩はハードルに似ているところがあるんですよ。マラソンはケニアとかアフリカ勢がすごく強いんですけど、競歩になると脚のバネが使えないから心肺機能と練習がものを言う世界になります。そうなると比較的日本人や中国人が勝負しやすくなるんです。でも、この競技ができたそもそもの理由が何だったのかはわからないですね。

みうら　学校でチビりそうになってるような状況ですよね。廊下を走ってはいけないんだけども、なんとか速くトイレに行きたいっていう……。

為末　決してそういう競技ではないんですけど（笑）。日本では競歩はオリンピック代表も東大や京大出身のインテリ選手が多いので、おそらくどこかでハッと気づくんじゃないですかね。「みんなマラソンやってるから、競歩なら勝てるんじゃないか?」って。

みうら　みんな「これならいける」っていう競技を選ぶんですか、やっぱり（笑）。

為末　そうですね。僕らの場合、「ない競技をつくる」というのは、なかなか難しいので。

みうら　障害物競走には「網くぐり」とか「パン食い」とかあるじゃないですか。ハードル競技にあれを加えてはいけないんですよね?

為末　どうなんだろう。

みうら　借り物競走とかは?。あれも競技じゃないですか（笑）。

為末　競技ですけど、借り物競走のお題でもめるんじゃないですかね。「このお題は日本人には難しいんじゃないか」とか。でもたしかに、運動会を国際的な規模でやっても面白い気がしますね。洗練されている競技も多いですし。

みうら　運動会って日本独自のものなんですか？

為末　そうですね。近いところで言うとアメリカにはジャガイモ袋に入ってレースするような、お祭り競技はありますが、日本みたいにいろんな種目をする大会はないんじゃないかな。

みうら　日本では保護者まで参加しますからね。俺も最近、子どもの運動会に出なきゃなんないことになって困ったんですけど、嫌を克服するためには、避けてはいけないことに気がついたんです。仕事もそうですけど、「全部やってみる滑稽さ」で克服できると思って、全種目出ることにしました（笑）。四角い箱を転がしながらポールを回ったりするんですけど、とんでもないところに行くものだからみんなに笑われる。運動会には「笑われる」っていうのが入っていて、オリンピックにはそれがないんですよ。

為末　そういう大会をつくったら面白そうですね。運動会とオリンピックのあいだくらいの。

みうら　「オリンピッ会」みたいなやつね。ちょっと笑えるようなセンスが入っていて、観ている人も楽しめるような。

「感動」を求められる人生は生きづらい？

みうら　スポーツってやたら「感動」にもっていく感じもちょっとずるいなと思ってるんですよね。僕らからすれば。

為末　大部分は感動ですからね。スポーツ選手の引退後ってちょうどいい塩梅がないんですよ。ずっと「感動の人」であり続けながら国民栄誉賞的な人生を生きていくか、テレビ番組で思いきり笑いの世界に行くかっていう両極になりがちです。その中間のようないい感じの道があればいいいんですけどね。

みうら　昔なら野球をやめた人は、「スポーツ用品店をやる」か、エリートなら「解説者」、超エリートなら「コーチや監督」ですよね。

為末　そんな感じですかね。スポーツ選手って基本的には引退するまでの人生において選択しないで来ている人が多いんですよね。引退したときに初めて、「これからどうやって生きていこうか」と考える。だからとりあえずは目の前に見えている人を参考にするしかないんです。しかも各競技ですでに方向性はだいたい決まっていて、ラグビーだと金融、商社、陸上だと先生か研究者……みたいな世界です。みうらさんのように「ない仕事」をつくるケースが、スポーツの世界はおそらくきわめて少ないんです。

みうら　考える時間はあるじゃないですか。特に長距離なんて走りながらでもいろいろ考えられるでしょう。移動の時間もあるし。そういうとき一体何を考えてるんですか？アスリートは。

為末　しんどいな……とか（笑）。スポーツ選手って、特徴として先をあんまり考えないですね。「今日のことを考える」という感じです。つらいこととか苦しいことは、そのほうが耐えられるのかもしれない。「とりあえず今日を乗り切ろう」と。

みうら　確かに「これがあと三〇年続く」と思うと、今直面している苦労が耐え難くなりますよね。

為末　目先のことに集中しないと結果も出ないですしね。そういう、何かに夢中な状態の人を見ると人は感動するのかもしれません。だから選手がオリンピックの直前に「ちょっと会計士のテストがあるので練習休みます」とか言ったりするのはやっぱり許されないですよね。

みうら　なんかイメージが違いますよね。

為末　「ちゃんと競技に没頭しろ」という感じになるでしょう。引退の直前まではそれしかないことをみんなから望まれているのに、引退したらまったく違う人生を生きていくことを余儀なくされるんですよ。コーチからも「今日までありがとうな。明日から、お前の人生頑張れよ」なんて言われて、一歩踏み出すと誰もいなくなる。野球なんかはまさに象徴的かもしれないですね。

「実はあの人……」と思われたい

為末　引退後のアスリートの活用法って何かないですかね。

みうら　体力がまだ残っておられるだろうしね。ジジイで引退したら、やることなんて限られていくけど、アスリートの人って若く引退されるから。体力があるっていうところがちょっと面倒くさいですよね。それはもう、クラブ通いになっちゃいますよね。今までやってなかったことを……と、性のほうに行く人はいるんじゃないでしょうかねぇ？

為末　「クラブ違い」ですね（笑）。僕が思うにいちばん壁になっているのは「選手のプライド」なんです。スポーツの世界は現役のときと引退後で扱いが全然違うので、プライドがあると厄介なんです。

みうら　落差がつらいってことですね。

為末　そうです。会社員として上司から「お前、営業してこい」と言われる世界と、居酒屋で「ずっと応援してました！」と言われて握手を求められる世界を同時に生きるのはしんどいんですよ。いずれ握手も求められなくなるんですが、しばらくはそういう状態が続きます。そう考えるとその人のスポーツ選手としての名声を誰も知らない国で暮らしたら楽かもしれませんね。

みうら　なまじ知られてるからつらいと。

為末　そうなんですよね。それに悩む人は多いです。でも「みうらじゅん」という人生もこれだけパブリックになってしまうと、「ミーハーなものに乗りにくい」みたいなところはありませんか？

みうら　そんなふうに言われることもあるんですけど、僕の場合は、どこかのおばさんだとか、まったく別人に間違えられることも少なくないんですよ。そういう場合もそれなりに対処していかなきゃならない、というところのほうがきついですね。そこで邪険に「違うよ」って言うのも、なんか妙にプライドがあるような気がするので、なりきるじゃないですか。

為末　なりきるんですか⁉

みうら　そこは仕方なく。

為末　パブリックなイメージとご自分は、だいたい重なっているんですか？

みうら　おそらくパブリックでは、自分の仕事と普段の生活が一緒だと思われがちなんですけど、残念なことに実際、同じなんですよ（笑）。それってつまんないじゃないですか。「普段はものすごい生活をしている」とかじゃないと、面白みに欠けるので。

為末　実はあの人……みたいな。

みうら　「本当はあの人、銀座でブイブイ言わせてるから」のほうが、「ええーっ？」ってなるじゃないですか。やっぱりその期待にも応えなきゃならない気もしていて。

為末　そういう期待にも応えようとされてるんですか。

みうら　飲み屋で「ああ、思ってたとおりの人ですね」とか言われると、それはもう残念ですよね。

為末　急にアスリートの集まりで飲んでみたりするというのはどうですか？

みうら　あ、それはいいですね（笑）。

為末　「みうらじゅんって実はアスリートの友だち多いらしいよ」とか。

みうら　そういうほうが断然面白いですよね。為末さんはどうなんですか？

為末　僕もパブリックイメージとあまりずれてないですね。以前、事務所に入っていたことがあって、すごくちゃんとしたパブリックイメージをつくってくれたので、少しちゃんとしすぎたかなというところはあるんですけど。僕らの場合はそもそも、すごく高いところからのスタートじゃないですか。「アスリートは一年中ちゃんとしている」みたいな。

みうら　やっぱりスポーツは聖人君子的なイメージがあるからですかね。だからとたんに下着なんかを盗もうものなら、一気に落ちる。そのギャップが激しくて、こちらは見ていてちょっとうらやましいですけどね。ちょっとしたことでもギャップが起こるわけだから、「おいしい」ですよ。

為末　ちょっと前に僕もツイッターで炎上しましたけどね。「がっかりしました」とか「間違ってはいないけど、為末には言ってほしくない」とか言われて。

みうら　正論ってウケないんですよね、やっぱり。面白くないじゃないですか。だから正論はブームにはならないんですよ。

為末　求められてない、というのもありますね。

みうら　「それを言っちゃおしめえだよ」的な、寅さん的なことがあるんですよね、正論って。

為末　「みんな感動するようなルールになってるんだから、そこでひっくり返すんじゃないよ」と。

「本当は走りたくなかった」と言ってみる

みうら　スポーツ選手って自慢をしてはいけないルールもありますよね。謙虚で、丁寧で、いつも「みなさんのおかげで」って感謝の気持ちを……。

為末　たしかにあまりしゃべっちゃいけない感じはありますね。

みうら　ベラベラしゃべるのも幻滅しますよね。アスリートにはいつも息が切れていてほしい。相撲のインタビューでも息が切れているから、「真剣にやったんだな」と思われるわけで。試合でもう十分、自分で自分の解説をするなということですよ。

為末　流暢にしゃべっていると逆に突っ込まれたりね。

みうら「余裕こいてんじゃねぇよ」ですよね、きっと（笑）。でも、オリンピックくらいの大会のここぞという場面で何か一言決めたら、絶対に流行語取れるじゃないですか。

為末　ですね。

みうら　お笑いの人がいくら目指して取っても「一発屋」なんて言われるけど、アスリートは一発屋って言われない。

為末「超気持ちいい！」とかね。

みうら　単語じゃなくてもポーズでもいい。もはやあれを目指してる人がいるんじゃないですか。若い人のなかには。

為末　狙っている人はいると思いますよ。

みうら　いますよね。「インタビューではこんなこと言ってやろう」と思って、そのことばかり考えすぎて成績悪い人もいるんじゃないですか（笑）。

為末　一説には、試合後のアスリートってアドレナリンが出まくってる状態でしゃべっていることが多いそうなんですね。そういうときは本人もよくわからない感じで話しているから、よほど用意周到に考えている人以外はけっこう変なことを口走ったりしがちなんです。ちょっと落ち着くとまた別の言葉が出てくる。選手のインタビューは少なくとも三回あって、一回目が試合直後、二回目が服を着替えてから五時間後ぐらいのメディアセンター、最後は成田空港とか日本での取材。だんだん言うことが変わってきますね。

みうら　時間によってね。

為末　帰国後取材で「超気持ちいい！」はさすがにみんな変だって気づくんですけど、直後ならＯＫなんですよね。

みうら　もう脳内に何か出まくっているから（笑）。

為末　本人も意図してないことを言ってる可能性はありますね。

みうら　逆に競技終わっていきなり「要するに」っていうのは変ですよね。こいつまとめてんのかよ、みたいな。

為末　そうですね。

みうら　ということは「要するに」を使えば、絶対に流行語が取れるっていうことですよね。

為末　取れるかもしれないですね。「振り返ってみると」とかね。

みうら　「もう振り返れるんだ、こいつ⁉」っていう（笑）。

為末　すごいですよね。

みうら　優勝したあとに「本当は走りたくなかったんだ」っていうセリフはまた、語弊がありますよね。思ったとしても。

為末　そうですね。スポーツ界の偉い人から連絡が来ちゃうかもしれない（笑）。

為末大がいつもフクロウのブローチをつけていたら？

みうら　引退したアスリートはどうするか、という話でしたよね。たとえば為末さんが、明日から「ヘビーメタルのTシャツを必ず着ている」というのはどうですか？　好きでもないんだけどとにかく毎日着る。それで誰かにとがめられたりしそうですか。

為末　いや、それは大丈夫だと思いますが……。

みうら　かなりマニアックなメタルのバンドだったら、ずっと着てると何かあるかもしれないじゃないですか。

為末　オファーとか？

みうら　スポーツ選手の引退後のファッションって「キャプテンサンタ」ぐらいしかイ

メージないんですよ。スポーツ選手のイメージは限られてるから、引退後のファッションが「変わってるな」っていう人がいないですよね。

為末　たしかにそうですね。

みうら　ファッションから引退後のアスリートの世界を改革していくような人はいないんですかね。

為末　大半はかっこいいほうに行っちゃうんですよね。

みうら　イタリア系のやつでしょ。そうじゃなくて「どうかしてんじゃないかな」と思うようなワンポイントが入っている服とか……。

為末　しかも「そのことには触れない」ということですね。

みうら　そういうことです（笑）。そうだ、為末さん、「フクロウのブローチ」をつけるっていうのはどうですか。襟元にいつもつけてて、おばさんか！みたいな。

為末　木彫りかなんかのやつですよね

みうら　で、みんなひそかに思ってるんですよ。「誰かからもらったのかな」とかね。でもたぶん、誰も突っ込めないんですよ、しばらくは（笑）。

為末　そうですよね。自分から触れない限りはね。

みうら　「実は走ってたときに応援してくれてた人にもらったものなんです」とか、それぐらいのことをみんな期待しているけど、そうじゃないんですよね。

為末　理由は特にないと。

みうら　そう、「そのブローチって何かあるんですか？」って聞かれて「いや、特にないです」って言われたときの外された感って半端じゃないですよ。考えただけでクラッときますよね（笑）。

為末　フクロウのブローチ、ちょっと考えてみます（笑）。みうらさんのそういうのって、いつ思いつくんですか？

みうら　やっぱり、「したくないこと」に気づいたときですね。自分が「なんでこんなことをしているんだろう」と思うようなことを自分がしたときに、ほかの人がどう思うかがやたら気になるんですよ。それも、誰から見ても明らかにおかしなことではなくて、なんとなく変だけどあえて聞くまでもないというか、あえて聞くとおかしな空気になってしまうくらいの加減がいいですね。

為末　あとからじわじわくるようなおかしさですね。

みうら　「ゆるキャラ」がそうだったんですよ。ああいうかぶりものがあることはみんな知っていた。でも、あんなサムいキャラとも呼べないようなどっちつかずのものが物産展の横で所在なげに立ってたのを見てグッときたんです。キャラが立ってないキャラはキャラじゃない。でも「ゆるキャラ」という名前を与えることで、堂々と立っていられるんじゃないかって思ったんですよ。それがそもそもの発想でした。フクロウのブローチもそれに近いですね。

為末　僕のを見て、だんだんとそのフクロウのブローチをつけているアスリートが増えていったら……。

みうら　面白いですよね。誰も言わないのにね。それでいつかがまんできなくなって「あの、前から気になってたんですけど……」って聞いちゃうやつが出てくる。そこで「ああこれ？　なんとなくつけてるだけだから」って「理由がない」というところにドタンと落とす。

為末　そこに理由があってはいけないんですね。「ああ、なるほど。そういうことか」って思わせちゃいけない。

みうら　理由がないぶん長続きするんじゃないですかねえ。やってること自体が目的なので。

世間はとにかく安心したがっている

為末　だいたいみんな、理由や背景を求めがちですよね。

みうら　ほっとしたいんですよ。うちの親戚が「じゅんちゃんは漫画家やってる」なんて言うから、正月に子どもたちから「ドラえもん描いてくれ」とか頼まれるんですけど、まったく描けないから、「こいつ、ニセもんだ」とか言われて酷い目にあうんでね。確かに漫画も描いてたけど、子どもたちが知ってる漫画家じゃないんですよ。でもそれを的確にあらわす名前の職業がないから子どもたちも誤解する。それなら、初めから知らない職業にしとこうと思って「イラストレーターだ」って言ったら、今度は「じゅんはインストラクターをやってる」って……。

為末　何のインストラクター？

みうら　本来ならそこが重要じゃないですか。でも世間って「インストラクター」でいいんですよ。そこまででもう安心するから。何か型にはめて安心したいんです。

為末　僕、ちょうど引退して三年ぐらいになるんですけど、肩書が微妙に変わってきてるんです。基本的に「何でもどうぞ」って言ってるんですけど、最初の一年は「元プロ陸上選手」で、そのうちに「スポーツコメンテーター」になった。そのあとは、社団法人を始めたので、その代表ということになって……あとは「ジャーナリスト」っていうのもありましたね。

みうら　自分から言ってはいないんですよね。

為末　言ってないです。最近は自分の会社の代表ということで肩書が出るんですけど、それさえ外してみようということで去年は通したんです。そうすると、世間の抵抗感がけっこう大きくて。講演会なんかで壇上に出ることが多いじゃないですか。すると「肩書がないこと」にすごく驚かれるんですよ。

みうら　みんなは戸惑ってるんですよ。

為末　そういう意味では、周りからどう見られているのかが毎回わかって面白いですけどね。

みうら　人がそう思ってるということなんですよね。為末さんのことを「ジャーナリスト」って最初に書いた人は、そう思ったんですよね。俺もずっと「イラストレーターなど」って書いてもらっているんですけど、大手新聞社とかになると、『など』は外します」って言うんです。いや、俺が今やってるのは「など」だから。イラストはあんまりやってなくて、むしろ「など」のほうが本業なんだと。やっぱり、「ない職業」ってダメなんでしょうね、安心できないから。安心できない人はこの日本にいてはいけないんですよ。なんなら「犯罪者」のほうがまだしっくりくるんじゃないですか（笑）。

為末　肩書のない人が「ない仕事」をつくるなんていうのは……。

みうら　ありえないですもんね（笑）。世間からしたら。「そんな人には仕事あげませんよ」ってことですから。でも『「ない仕事」の作り方』っていう本のタイトルのせいで、本当にビジネス書だと誤解した人もいてね。「仕事」っていうことが入っていると納得するんですよね。「あの人、何してるかわからないけど、とりあえず仕事してたんだ」みたいな。それで世間はちょっとホッとしたんだと思うんです。

違和感から世界観が生まれる

為末　「好きを仕事にする」ってよくありますけど、みうらさん、もともとそんなに好きじゃないというか……むしろ嫌いなものから入っていませんか？

みうら　嫌いというか、違和感からですよね。「この違和感をどうしたらいいのか」ということですよね、いつも。

為末　まずその違和感を収集されるんですね。

みうら　そうですね。違和感にジャンルはないから、それにまつわるものを収集していくと、そこにもなんとなく世界観と呼べるようなものがあることに気がつくんです。「これはきっとこの流れでこう来たんだろう」とかね、わかるんですよ。けれども世間からしたらどうでもいいことなんですよ。俺のやっていることは基本、民俗学みたいなもんですから。

為末　今気になってる「違和感」はあるんですか。

みうら　本にも書きましたけど、"since"ですね。この前"since 1628"っていう、年号で言うと元禄時代あたりの表記を発見したんですよ。先々代くらいまでは「創業」って書いてたんでしょうね、きっと。でもそこの若い何代目かが「それはオシャレじゃねえ」とか言ってね。そういう話だと思うんですよ（笑）。元禄時代から"since ○○"なんて言ってるわけないですよね。そこにちょっとした父と息子の確執が見えたりして。かと思えば中目黒で"since 2015"っていうのを見つけたりね。

為末　まだ一年たってない（笑）。

みうら　できたばかりのものにsinceをつけるということは、かつて僕らが思っていたsinceの概念は既に崩壊しているんじゃないかなと。日本だけで独特の使われ方をするようになったんでしょうね。あの調子こいてた八〇年代のバブル時代にあった「ペンション文化」の遺産だと思うんですけどね、sinceは。

為末　どれくらいからつけていいもんでしょうね。

みうら　そうですねぇ、三〇年ぐらいやってsinceをつけるならなんとなく納得できますよね。昭和の人間としては。「桃栗三年」ならぬ「since三〇年」かな（笑）。そういえば僕が初めてsinceに気づいた一九八〇年代の半ばあたりから、既に三〇年くらいたってますよね。

為末　そのあたりからやっている人はそろそろ使っていいってことですかね。

みうら　ぎりぎり許されるくらいでしょうね。ところで今日、僕はヒヤシンスの球根を買いに行こうと思ってるんですよ。

為末　ヒヤシンス？

みうら　まだ着地点はわからないんですけど、sinceが冷えたら「ヒヤシンス」になる……そういう変化の可能性もあるのかなと（笑）。考え続けているとたまに化学変化することがあるんです。僕の「ない仕事」は自分でも想像もしていなかった着地点に降りたときになんかやり切った感があるんですよね。

為末　since はまだそこまでは行っていないと。そこまで飽きないで続ける秘訣はあるんですか？

みうら　やっぱりハードルの位置を変えるんですね。他人に並ばせることですね（笑）。

為末　そういうランダムさをね（笑）。

みうら　「こんなの跳べねえじゃねえか！」っていうところがまた面白い。いつも通りいかないことを課すと、少しは飽きることのその先まで行けるんですよ。たとえば最近、ゆるキャラの横にいる「ゆる人《びと》」が気になっていて。ゆるキャラの横に連れ添うハッピを着た人がいるじゃないですか。

為末　行政の人とか？

みうら　今まで観光局の端で嫌々やってたかもしれない人が、女子職員からも「いいなー。○○ちゃんと会えて」とか言われてね。

超人と変態は紙一重？

為末　嫌々やってたってところがいいですよね。

みうら　そもそも仕事って大好きでやってる人は少ないんじゃないですか？　四六時中スポーツ大好きでやってる人は、立派な変態ですよ。超変態に行き着いた人たちだと思うんです。

為末　僕がいつもすごいなと思うのはハンマー投げの室伏親子ですね。日本選手権の歴代優勝者を見ていくと、ハンマー投げのところだけお父さんの室伏重信さんと息子の広治さんのあいだに二、三人いて、基本的にはずっと室伏時代が続いてるんです。

みうら　ジュラ紀やたら長えな、みたいなね（笑）。

為末　室伏さんはあるときから小指の感覚がなくなったらしいんです。その話をドキュメンタリー番組で密着取材していたレポーターが「広治さんが大変なことになって」ってお父さんに話したら、「ああ、広治もそこまで来ましたか」って平然と答えてて（笑）。お父さんはハンマーの投げ過ぎで小指の感覚がないそうです。

みうら　それは漫画家にとって「ペンだこができた」くらいな話なんでしょうね（笑）。

為末　広治さんはもうじゃんけんでパーができないんですよ。

みうら　そこまでになって本物ということですね。世間と常識が違いすぎますよ。アスリートが極めると「超人」だけど僕らが極めると「変態」って言われるんですね。根本は同じなんですけどね。気持ちは体育会系ですよ。

為末　えっ、ここに来てですか。

みうら　精神は体育会系で、肉体が超文化系なんです。飽きても自分を騙してまでやり続けるなんて、男気しかないですよ。

為末　僕はどちらかというと体育会系では浮いてますけどね。

みうら　そこは逆だったんですね！

■みうらじゅん
一九五八年京都市生まれ。武蔵野美術大学在学中に漫画家デビュー。漫画家、イラストレーター、エッセイスト、ミュージシャンなどとして幅広く活躍。著書に『アイデン&ティティ』、『マイ仏教』、『見仏記』シリーズ（いとうせいこうとの共著）、『人生エロエロ』、『正しい保健体育　ポケット版』など。最新刊は『「ない仕事」の作り方』。音楽、映像作品も多数。一九九七年「マイブーム」で新語・流行語大賞受賞。二〇〇五年　日本映画批評家大賞功労賞受賞。

おわりに——生きていくということ

25歳の君へ

今、君は絶頂のなかにいて、私が言うことは何一つ聞こえないと思う。アスリートはそれでいいし、それでこそアスリートって感じがするよね。だから今は余計なことは耳にしないで存分に世界の頂点を目指してなりふりかまわず自分を高めていけばいいと思う。ただ、いつまでも続くと思っている現役生活もいつか終わりが来る。そのいつか来る引退のとき、たぶん君は迷う。そのとき、頭の片隅に残っていたこの言葉が少しは助けになるかなと勝手に思って、今日は説教じみたことを書いてみようと思う。

まず最初に、君が今競技をしているときに感じている興奮は、残念だけど引退したあとは二度とない。それは社会に影響を与えているということだけを言っているのではなく、自分の身体を鍛えて、はっきりした勝敗に向かい、世界のトップの選手としのぎを削るという体験は、あまりにも強烈で社会の現実と離れているから。もう一度あの興奮があったらいいなと思うのは素敵なことだけど、あの興奮がなければ生きていけないと思うようであればすっかり諦めてしまったほうがいいと思うんだ。それを追い求めるとどんどん迷路にはまり込んでいっちゃうからね。

それから、今君が感じている世の中からの熱い視線も、徐々になくなっていく。ちょっとだけさびしい思いをするかもね。今君がパーティー会場に行くと周りに人が寄ってきてうっとうしいと思っていると思う。でも大丈夫。引退すれば徐々にそんなこともなくなっていてむしろさびしいぐらいになるから。それから子どもたちにサインをねだられて毎日大変だとも思う。それも引退すればすぐ子どもたちは君のことが誰だかわからなくなる。「先生あの人誰?」という声を聞きながら、それも普通に思えるようになってくるんだ。

今、君が得ている名声も金銭も、君の実力で得ているものだ。ただ、世の中のほかの職業と違うのは、君の「実力」は衰えるっていうことだ。君の価値を支えているのは、競技力で、それはある点をピークに衰えていく。認めたくないだろうけどね。それが君の思う一線を超えたときに引退をするのだけれど、そうなると名声も金銭も前のようには手に入らなくなる。引退したあとは、これまでとは違う実力をつけていく必要があるんだ。

つらいなさびしいなと思って、君が誰かにこの気持ちをわかってほしいと思って相談し

ようと思っても同じ経験をしている人はほとんどいない。たぶん君が相談すると、

大丈夫あなたはいつまでもスターですよ
一時でもスターだったんだからいいじゃないか

という二つの答えが主に返ってくるんじゃないかな。でも、君が聞きたいのはそんなことじゃないよね。このぽっかり空いた穴をどうやって埋めたらいいのかってことを君は聞きたいんだと思う。そして、それに答えられる人ってのは世の中にはあんまりいないんだ。だから君はこれから先しばらくのあいだ、その「ぽっかり空いた穴」と一緒に暮らしていかないといけないんだよ。

ちょっと長くなりすぎたので、最後に三つだけアドバイスをして終わりにしようと思う。

1　生活水準とプライドを元に戻す
2　なんでもいいから社会とつながりを持つ

3　自分がやってきたことを抽象的にとらえてみる

まず生活水準を元に戻す。とにかく普通の生活をできるようにする。あいつはケチくさくなったとか、落ちぶれたとか、いろいろ言われると思うけどまったくそんなこと気にしないでとにかく普通の生活に戻る。入ってくるぶんしかお金は使っちゃいけないんだ。それからプライドも捨てたほうがいい。君が感じているつらさのほとんどは君のプライドの高さからきている。そしてそのプライドってものがあるから、周りが君に声もかけられないし、手助けもできない状態になっている。だから、これでもかってぐらいプライドを捨てて、ちょうど一年生で部活にドキドキしながら入ったときと、同じ気持ちで生きていくといい。

それからなんでもいいから社会と接点をつくること。学校に行ってもいいし、友だちと旅行に行ってもいい。もちろん働くことも。とにかくなんでもいいから社会と接点をつくっていくんだ。人は社会のなかで生きていて、働くってことは社会に価値を提供するってことで、すぐには思いつかなくても接点さえあれば何かが見えてくるかもしれないからね。

自分がやってきたことはスポーツかもしれないけれど、その奥にあったものは何なのかを考えてみること。スポーツを通じて伝えたかったこと、成し遂げたかったこと、スポーツを通じてなりたかったもの。スポーツは手段でその奥に目的があったんだと思って、考えてみてほしい。すぐには見つからないかもしれないけど、その奥にある目的がぼんやりとでも見えてきたら、きっと君は違う方法でもその目的は達成できるってことに気づいていると思うんだ。山頂が高くなれば手段はたくさんあるってことに気がつくからね。

引退後の人生は現役時代と少し違うけど、大丈夫。なんとかなるし、君ならなんとかできる。ピンチのときにそれを乗り越えられる強さを持っている人しか、トップアスリートにはなれない。それに、そもそも君は何にも持っていなかったんだから、スポーツを始めたあのときみたいに、また基礎練習から始めていけばいいだけなんだよ。

＊本書の内容は、プレジデントオンライン、
為末大オフィシャルサイトに掲載された内容を加筆修正し、再編集したものです。

為末 大 Dai Tamesue

1978年広島県生まれ。陸上トラック種目の世界大会で日本人として初のメダル獲得者。男子400メートルハードルの日本記録保持者(2016年4月現在)。2001年エドモントン世界選手権および2005年ヘルシンキ世界選手権において、男子400メートルハードルで銅メダル。シドニー、アテネ、北京と3度のオリンピックに出場。2003年、プロに転向。2012年、25年間の現役生活から引退。現在は、自身が経営する株式会社侍のほか、一般社団法人アスリートソサエティ、株式会社Xiborgなどを通じて、スポーツ、社会、教育、研究に関する活動を幅広く行っている。著書に『走る哲学』(扶桑社)、『走りながら考える』(ダイヤモンド社)、『諦める力』『為末大の未来対談』(ともにプレジデント社)などがある。

逃げる自由

2016年6月1日　第1刷発行

著者	為末 大
発行者	長坂嘉昭
発行所	株式会社プレジデント社 〒102-8641 東京都千代田区平河町2-16-1 平河町森タワー13階 編集 (03) 3237-3732　販売 (03) 3237-3731 http://www.president.co.jp/book/
編集	中嶋 愛
編集協力	山守麻衣、大矢幸世(対談)
制作	関 結香
装丁	草薙伸行 ●PlanetPlan Design Works
撮影	大杉和弘、遠藤素子(対談)
印刷・製本	図書印刷株式会社

ISBN978-4-8334-2176-8
Printed in Japan